Administrativo/a de la Diputación Provincial de Valencia

Diciembre 2025

Curso
MAD360

La diferencia entre aprobar
y sacar plaza

Administrativo/a

DIPUTACIÓN PROVINCIAL DE VALENCIA

Si aún no dispones de tu **Curso MAD360**, te ofrecemos un acceso GRATIS de 30 días para que disfrutes de los siguientes recursos:

- Técnicas de Memoria 360.
- MADTEST: Test *online* Nivel PRO.
- Temario en formato digital.
- Vídeos.
- Esquemas.
- Planificación de estudio.
- Foro entre opositores hasta la fecha del examen.*
- Recursos y novedades exclusivas.
- Consúltanos sobre tu oposición y proceso selectivo.
- Actualizaciones legislativas (Boletines Oficiales) hasta 60 días antes de la fecha del examen.*

Para acceder a esta prueba del Curso MAD360** será necesaria la compra de todos los libros para esta especialidad de la edición 2025.

Regístrate en **mad.es/iniciar-sesion** y en la pestaña MIS CURSOS valida los códigos que encuentras en la última página de tus libros.

NOTA IMPORTANTE:

* Examen de esta categoría profesional correspondiente a la convocatoria publicada en el BOE nº 288, de 1 de diciembre de 2025, o hasta el 31 de enero de 2027, lo que se cumpla antes, y previa renovación del servicio.

** El acceso al CURSO MAD360 estará disponible desde enero de 2026 (algunos recursos podrían estar disponibles en fecha posterior). Tendrá una duración de 30 días RENOVABLES mediante pago, desde la validación de códigos, o hasta el 31 de julio de 2027, lo que se cumpla antes.

MAD se reserva el derecho a ampliar dichas fechas.

Administrativo/a de la Diputación Provincial de Valencia

Test del temario

Autores

LIDIA PONCE MARTÍNEZ
Licenciada en Psicología

FRANCISCO JESÚS TORRES FONSECA
Licenciado en Derecho

JOAQUÍN MARTÍNEZ DEL FRESNO
Licenciado en Derecho

© 7 Editores Recursos para la Cualificación Profesional y el Empleo, S.L. (7 Editores)
© Los autores
Primera edición, diciembre 2025 (178 páginas)
Derechos de edición reservados a favor de 7 Editores
IMPRESO EN ESPAÑA
Diseño Portada: 7 Editores
Edita: 7 Editores
Avda. San Francisco Javier, 9 · Edificio Sevilla 2 · Planta 11 · Módulos 25-27 · 41018 Sevilla
Teléfono: 954 784 411 · WEB: www.mad.es · e-mail: administracion@7editores.com
ISBN: 979-13-702-8331-5
© "Editorial Mad" y "Eduforma" son nombres comerciales registrados de
7 Editores Recursos para la Cualificación Profesional y el Empleo, S.L.

Índice

BLOQUE I

TEST N.º 1

La Constitución Española de 1978. Principios generales. La reforma de la Constitución

1. Por orden cronológico, España se constituye en un Estado:

a) Social, democrático y de Derecho.
b) De Derecho, social y democrático.
c) Democrático, social y de Derecho.
d) De Derecho, democrático y social.

2. El artículo 1 de la Constitución Española:

a) Establece en su primer apartado el tipo de Estado en que se constituye.
b) No contiene el tipo de Estado en que se constituye, esto se recoge más adelante, en el artículo 5, dado que no es lo más relevante.
c) No contiene el tipo de Estado en que se constituye porque todo el mundo ya lo sabe, no es necesario especificarlo.
d) Dispone que España es un Estado completamente liberal.

3. La primera cosa que regula la Constitución en su articulado es:

a) Los valores superiores del ordenamiento jurídico.
b) El himno.
c) La bandera.
d) Las festividades nacionales.

4. ¿Cuál de los siguientes no es un valor superior del ordenamiento jurídico, atendiendo a la literalidad del artículo 1 de la Constitución Española?

a) La eficiencia.
b) La justicia.

c) La igualdad.

d) El pluralismo político.

5. En base al artículo 1.2 de la Constitución Española, la soberanía nacional reside en:

a) El poder legislativo.

b) El presidente del Gobierno.

c) El pueblo español.

d) Las Cortes Generales.

6. Establece la Constitución Española que los poderes del Estado:

a) Emanan del pueblo español.

b) Emanan del poder constituido.

c) Emanan del Poder Ejecutivo.

d) Emanan de las Cortes Generales.

7. Atendiendo al artículo 1 de la Constitución Española, la forma política del Estado español es:

a) Una federación.

b) Una república.

c) Una monarquía parlamentaria.

d) Una monarquía.

8. En relación con esta forma política del Estado español:

a) Esta ha sido siempre la misma desde la creación del Estado.

b) Esta se ha mantenido inalterada en todas las Constituciones aprobadas a lo largo de los años.

c) En la Constitución de 1931 se concebía como una República democrática de trabajadores de toda clase.

d) Desde la Constitución de 1931 ha sido siempre una monarquía.

9. En relación con las autonomías, la Constitución:

a) No las reconoce.

b) Establece el principio de solidaridad entre ellas.

c) Se configuran como una confederación.

d) Son completamente independientes unas de las otras, lo único que comparten es su sumisión al Estado.

10. Atendido a lo dispuesto en los primeros artículos de la Constitución, se entiende que España:

a) Es una realidad de nueva creación.

b) Preexiste a la misma como una realidad política y social anterior a dicha Constitución.

c) Se crea como una realidad política y social durante el proceso de elaboración y aprobación de la Constitución.

d) Como realidad social es anterior a la Constitución, pero no como realidad política.

En MADTEST tienes **más preguntas de este tema**, y todos tus avances quedan registrados y se reflejan en el ranking.

¡Supera tus límites con MADTEST!

Solución al test n.º 1

1. d) De Derecho, democrático y social.

2. a) Establece en su primer apartado el tipo de Estado en que se constituye.

3. a) Los valores superiores del ordenamiento jurídico.

4. a) Cuál de los siguientes no es un valor superior del ordenamiento jurídico, atendiendo a la literalidad del artículo 1 de la Constitución Española?

5. c) El pueblo español.

6. a) Emanan del pueblo español.

7. c) Una monarquía parlamentaria.

8. c) En la Constitución de 1931 se concebía como una República democrática de trabajadores de toda clase.

9. b) Establece el principio de solidaridad entre ellas.

10. b) Preexiste a la misma como una realidad política y social anterior a dicha Constitución.

TEST N.º 2

Derechos y deberes fundamentales de los españoles. Su protección. El Tribunal Constitucional. El Defensor del Pueblo

1. El artículo 10 de la Constitución Española contempla:

a) Que la dignidad de la persona es fundamento del orden político y de la paz social.
b) El primero de los derechos fundamentales contenidos en la misma.
c) La prohibición de lesión a la persona física.
d) La interpretación de la Declaración Universal de Derechos Humanos conforme a la Constitución Española.

2. ¿Cuál de los siguientes no se especifica en el artículo 10.1 como fundamento del orden político y la paz social?

a) La dignidad de la persona.
b) Los derechos inviolables de la persona.
c) La seguridad jurídica.
d) El libre desarrollo de la personalidad.

3. En relación con la dignidad de la persona:

a) En realidad, la Constitución solamente la reconoce a la persona en tanto que ciudadana.
b) Puede verse alterada, jurídicamente hablando, atendiendo a la situación en que la persona se encuentre.
c) No admite grados.
d) Es renunciable y disponible.

4. El artículo 10 de la Constitución Española:

a) No reconoce el valor de los Tratados Internacionales, dándole el máximo y único valor a la Constitución.
b) Dispone que los tratados y acuerdos ratificados por España sirven de parámetro interpretativo de los derechos y libertades establecidos en la Constitución.
c) Reconoce únicamente validez, en relación con los derechos humanos, a la Declaración Universal de Derechos Humanos.
d) Establece que los Tratados Internacionales ratificados por España se situarán en una posición superior en la jerarquía normativa respecto de la Constitución.

5. De la Constitución se desprende que:

a) Los derechos y libertades establecidos en Tratados internacionales no tienen valor.

b) Los derechos y libertades establecidos en Tratados internacionales tienen rango constitucional.

c) Los derechos y libertades establecidos en Tratados internacionales tienen rango constitucional únicamente en la medida en que también estén reconocidos en la Constitución Española.

d) Los derechos reconocidos en Tratados internacionales tienen eficacia directa, por este hecho, en los tribunales españoles, aunque no hayan estado ratificados por el Estado español.

6. En relación con la nacionalidad española:

a) La Constitución establece que solamente se puede adquirir por nacimiento.

b) Se adquiere únicamente por nacimiento, no obstante, un extranjero puede optar a la residencia.

c) Se puede adquirir.

d) Nunca se puede perder.

7. En base a la Constitución Española:

a) Un español nunca puede perder su nacionalidad.

b) Ningún español de origen podrá ser privado de su nacionalidad.

c) La nacionalidad siempre se conserva.

d) No se admite la doble nacionalidad de un español.

8. En relación con la doble nacionalidad:

a) La Constitución Española no la permite.

b) El Estado puede concertar tratados de doble nacionalidad con los países iberoamericanos o con aquellos que hayan tenido o tengan una particular vinculación con España.

c) Solamente se puede reconocer en relación con la nacionalidad de otros países europeos.

d) Solamente se puede reconocer en relación con antiguos países que formaban parte de la Corona española.

9. ¿Cuál de las siguientes afirmaciones es falsa?

a) No es la primera vez que una Constitución Española regula aspectos relacionados con la nacionalidad.

b) La Constitución Española no es la única a nivel mundial que contiene regulación respecto de la nacionalidad de los ciudadanos del Estado.

c) En la Constitución se desarrollan las formas de adquisición, conservación y pérdida de la nacionalidad española, dada su importancia.

d) La nacionalidad es una cualidad jurídica de la persona.

10. En base al artículo 12 de la Constitución Española:

a) Los españoles se pueden emancipar a los dieciocho años.
b) Los españoles se pueden emancipar a los dieciséis años.
c) Los españoles son mayores de edad a los dieciocho años.
d) Los españoles son mayores de edad a los veintiún años.

En MADTEST tienes **más preguntas de este tema**, y todos tus avances quedan registrados y se reflejan en el ranking.

¡Supera tus límites con MADTEST!

Solución al test n.º 2

1. a) Que la dignidad de la persona es fundamento del orden político y de la paz social.

2. c) La seguridad jurídica.

3. c) No admite grados.

4. b) Dispone que los tratados y acuerdos ratificados por España sirven de parámetro interpretativo de los derechos y libertades establecidos en la Constitución.

5. c) Los derechos y libertades establecidos en Tratados internacionales tienen rango constitucional únicamente en la medida en que también estén reconocidos en la Constitución Española.

6. c) Se puede adquirir.

7. b) Ningún español de origen podrá ser privado de su nacionalidad.

8. b) El Estado puede concertar tratados de doble nacionalidad con los países iberoamericanos o con aquellos que hayan tenido o tengan una particular vinculación con España.

9. c) En la Constitución se desarrollan las formas de adquisición, conservación y pérdida de la nacionalidad española, dada su importancia.

10. c) Los españoles son mayores de edad a los dieciocho años.

TEST N.º 3

**Organización territorial del Estado. Las comunidades autónomas.
Los estatutos de autonomía. Su significado**

1. El Estado se organiza territorialmente en:

a) Municipios, comarcas y en las provincias que se constituyan.
b) Distritos, cabildos, comarcas, provincias y en las Comunidades Autónomas que se constituyan.
c) Municipios, provincias y en las Comunidades Autónomas que se constituyan.
d) Ciudades, provincias, comarcas y Comunidades Autónomas.

2. El Estado, velando por el establecimiento de un equilibrio económico, adecuado y justo, entre las diversas partes del territorio español, y atendiendo en particular a las circunstancias del hecho insular, garantiza la realización efectiva del principio de:

a) Igualdad.
b) Legalidad.
c) Solidaridad.
d) Justicia universal.

3. La Constitución garantiza expresamente en su artículo 140 la autonomía de:

a) Los municipios.
b) Las regiones.
c) Las comarcas.
d) Los territorios.

4. A tenor de la Constitución Española de 1978, ¿a quién corresponde el gobierno y administración de los municipios?

a) A sus respectivos Ayuntamientos, integrados por los Alcaldes y los Concejales.
b) A sus respectivos Ayuntamientos, integrados por los Alcaldes, Juntas de Gobierno Local y Concejales.
c) A sus Ayuntamientos, Concejales y vecinos.
d) A sus respectivos Alcaldes, Concejales y vecinos.

5. ¿Cómo serán elegidos los Concejales según dispone la Constitución Española?

a) Por el Alcalde o por los vecinos en la forma establecida en la ley.
b) Directamente por el Alcalde del municipio en la forma establecida en la ley.
c) Por los vecinos del municipio en la forma establecida por la ley.
d) Por el Alcalde con el respaldo de los vecinos.

6. ¿Cómo dispone la Constitución Española que serán elegidos los Alcaldes?

a) Siempre por los Concejales.
b) Únicamente por los vecinos mediante un sufragio universal, igual, libre, directo y secreto.
c) Por los Concejales o por los vecinos.
d) Por los Concejales mediante Acuerdo expreso.

7. La Constitución Española señala que cualquier alteración de los límites provinciales:

a) Habrá de ser aprobada por las Cortes Generales mediante ley orgánica.
b) Habrá de ser aprobada por el Congreso por mayoría absoluta.
c) Habrá de ser aprobada por el Gobierno en el plazo de 30 días desde la presentación de la propuesta.
d) Habrá de ser aprobada por el Congreso de los Diputados mediante ley orgánica.

8. El artículo 142 CE establece que las Haciendas Locales deberán disponer de los medios suficientes para el desempeño de las funciones que la ley atribuye a las Corporaciones respectivas y se nutrirán fundamentalmente de:

a) Tributos propios y de participación en los de las Comunidades Autónomas.
b) La participación en los tributos del Estado y de las Comunidades Autónomas.
c) Tributos propios y de participación en los del Estado y de las Comunidades Autónomas.
d) Tributos propios y de participación en los del Estado, de las Comunidades Autónomas y de las Diputaciones Provinciales.

9. ¿A quién corresponde la iniciativa del proceso autonómico según dispone la Constitución Española en el artículo 143.2?

a) Al órgano interinsular correspondiente.
b) A las Diputaciones interesadas cuando lo soliciten expresamente las dos terceras partes de sus miembros.
c) A las tres quintas partes de los municipios cuya población represente, al menos, la mayoría del censo electoral de cada provincia o isla.
d) A las tres cuartas partes de los municipios cuya población represente, al menos, la mayoría del censo electoral de cada provincia o isla y a todas las Diputaciones interesadas.

10. ¿En qué plazo deberán ser cumplidos los requisitos de iniciativa del proceso autonómico según lo dispuesto en el artículo 143.2 CE?

a) En el plazo de nueve meses desde el primer acuerdo adoptado al respecto por alguna de las Corporaciones locales interesadas.

b) En el plazo de seis meses desde el primer acuerdo adoptado al respecto por alguna de las Corporaciones locales interesadas.

c) En el plazo de tres meses desde el primer acuerdo adoptado al respecto por alguna de las Corporaciones locales interesadas.

d) En el plazo de tres meses desde el último acuerdo adoptado al respecto por alguna de las Corporaciones locales interesadas.

En MADTEST tienes **más preguntas de este tema**, y todos tus avances quedan registrados y se reflejan en el ranking.

¡Supera tus límites con MADTEST!

Solución al test n.º 3

1. c) Municipios, provincias y en las Comunidades Autónomas que se constituyan.

2. c) Solidaridad.

3. a) Los municipios.

4. a) A sus respectivos Ayuntamientos, integrados por los Alcaldes y los Concejales.

5. c) Por los vecinos del municipio en la forma establecida por la ley.

6. c) Por los Concejales o por los vecinos.

7. a) Habrá de ser aprobada por las Cortes Generales mediante ley orgánica.

8. c) Tributos propios y de participación en los del Estado y de las Comunidades Autónomas.

9. a) Al órgano interinsular correspondiente.

10. b) En el plazo de seis meses desde el primer acuerdo adoptado al respecto por alguna de las Corporaciones locales interesadas.

TEST N.º 4

Estatuto de Autonomía de la Comunidad Valenciana. Principios generales. Organización. Competencias. La Administración local en el Estatuto

1. El Estatuto atribuye a Les Corts la capacidad de:

a) Delegar competencias legislativas en el Consell sin límites.
b) Ratificar tratados internacionales.
c) Dictar sentencias en conflictos competenciales.
d) Controlar políticamente la acción del Consell mediante los instrumentos parlamentarios previstos.

2. El Estatuto reconoce a la Comunitat Valenciana como "nacionalidad histórica" debido a:

a) Su estructura productiva y modelo territorial.
b) La reciente reforma constitucional.
c) Sus raíces históricas, lengua, cultura y Derecho Civil Foral.
d) La creación del Consell del País Valenciano en 1978.

3. La condición política de valenciano se adquiere principalmente por:

a) Nacer en territorio valenciano.
b) Tener vecindad administrativa en cualquier municipio de la Comunitat Valenciana.
c) Ser descendiente de padres valencianos.
d) Haber residido dos años en la Comunitat.

4. Las comunidades de valencianos en España pueden:

a) Nombrarse como entidad territorial propia.
b) Elegir representantes en Les Corts.
c) Celebrar convenios internacionales.
d) Participar en la vida cultural valenciana si solicitan reconocimiento.

5. En materia lingüística, el Estatuto establece que el valenciano es:

a) Lengua preferente en la Administración estatal.
b) Una lengua de uso voluntario sin reconocimiento oficial.

c) Lengua propia de la Comunitat y cooficial junto con el castellano.
d) Lengua obligatoria en todos los municipios.

6. La Academia Valenciana de la Llengua es definida en el Estatuto como:

a) Un órgano asesor sin autoridad normativa.
b) La institución normativa del valenciano.
c) Un órgano electoral.
d) Un centro de actividades culturales.

7. La organización territorial de la Comunitat Valenciana comprende:

a) Dos provincias y tres áreas metropolitanas.
b) Municipios y distritos autonómicos.
c) Los municipios de Alicante, Castellón y Valencia.
d) Comarcas con autonomía plena.

8. El Estatuto señala que los ciudadanos europeos residentes en la Comunitat:

a) No pueden acceder a servicios públicos autonómicos.
b) Gozan de los mismos derechos que los valencianos, salvo limitación estatal.
c) Solo poseen derechos políticos autonómicos.
d) Deben renunciar a su nacionalidad original.

9. El Derecho Civil Foral Valenciano podrá aplicarse:

a) Únicamente a quienes residan en Valencia capital.
b) Exclusivamente en asuntos matrimoniales.
c) A quienes ostenten vecindad civil valenciana, con independencia del lugar de residencia.
d) Solo si existe conflicto normativo estatal.

10. En materia de seguridad pública, la Generalitat puede:

a) Asumir el mando operativo de todas las fuerzas de seguridad estatales.
b) Participar en la coordinación a través de la Junta de Seguridad en los términos establecidos con el Estado.
c) Crear cuerpos policiales de ámbito estatal.
d) Regular íntegramente el derecho penal autonómico.

En MADTEST tienes **más preguntas de este tema**, y todos tus avances quedan registrados y se reflejan en el ranking.

¡Supera tus límites con MADTEST!

Solución al test n.º 4

1. d) Controlar políticamente la acción del Consell mediante los instrumentos parlamentarios previstos.

2. c) Sus raíces históricas, lengua, cultura y Derecho Civil Foral.

3. b) Tener vecindad administrativa en cualquier municipio de la Comunitat Valenciana.

4. d) Participar en la vida cultural valenciana si solicitan reconocimiento.

5. c) Lengua propia de la Comunitat y cooficial junto con el castellano.

6. b) La institución normativa del valenciano.

7. c) Los municipios de Alicante, Castellón y Valencia.

8. b) Gozan de los mismos derechos que los valencianos, salvo limitación estatal.

9. c) A quienes ostenten vecindad civil valenciana, con independencia del lugar de residencia.

10. b) Participar en la coordinación a través de la Junta de Seguridad en los términos establecidos con el Estado.

TEST N.º 5

Régimen local español: concepto de Administración local. La Autonomía local: significado constitucional. La Carta Europea de Autonomía Local

1. La Administración Local está integrada por:

a) Por órganos.
b) Por Entes, no por órganos.
c) Por sujetos de Derecho con personalidad jurídica propia.
d) Son correctas las respuestas b) y c).

2. Uno de los hitos normativos más importantes en la evolución del Régimen Local es:

a) La Constitución Española de 1931.
b) El Decreto de Javier de Burgos, de 30 de noviembre de 1833.
c) La Declaración Universal de los Derechos Humanos.
d) El Estatuto de Bayona de 1808.

3. Se definen como entidades locales integradas por los municipios de grandes aglomeraciones urbanas entre cuyos núcleos de población existan vinculaciones económicas y sociales que hagan necesaria la planificación conjunta y la coordinación de determinados servicios y obras:

a) Las Áreas Metropolitanas.
b) Las Comarcas.
c) Las Mancomunidades.
d) Las entidades de ámbito territorial inferior al Municipio.

4. Son entidades locales territoriales:

a) El municipio y las mancomunidades.
b) Las provincias y las comarcas.

c) El municipio, las provincias y las áreas metropolitanas.

d) La Isla en los archipiélagos balear y canario y los municipios.

5. La no presentación de cuentas por las entidades de ámbito territorial inferior al Municipio ante los organismos correspondientes del Estado y de la Comunidad Autónoma:

a) Conllevará que el personal que estuviera al servicio de la entidad quedará incorporado en la Administración del Estado.

b) Conllevará que el personal que estuviera al servicio de la entidad quedará incorporado en la Administración de la Comunidad Autónoma.

c) Será motivo para la sustitución de sus órganos de gobierno.

d) Será causa de disolución.

6. El artículo 137 de la Constitución Española dispone:

a) El Estado se organiza territorialmente en Municipios, en Provincias y en las Comunidades Autónomas que se constituyan.

b) El Estado se organiza territorialmente en Municipios, en Provincias e Islas.

c) El Estado se organiza territorialmente en Municipios, en Provincias y en Comarcas.

d) El Estado se organiza territorialmente en Municipios, en Provincias y en Concejos.

7. De acuerdo con el artículo 141 de la Constitución Española:

a) El gobierno y la administración autónoma de las provincias estarán encomendados a las Diputaciones u otras Corporaciones de carácter representativo.

b) El gobierno y la administración autónoma de las provincias estarán encomendados al Pleno de la Diputación Provincial.

c) El gobierno y la administración autónoma de las provincias estarán encomendados a la Junta de Gobierno de la Diputación Provincial.

d) El gobierno y la administración autónoma de las Provincias estarán encomendados a las Corporaciones de carácter representativo.

8. Uno de los principios fundamentales en relación con el Régimen Local que recoge la Constitución Española es:

a) La autonomía de las Corporaciones Locales en la gestión de sus intereses.

b) El carácter democrático y representativo de sus órganos de gobierno.

c) La suficiencia de las Haciendas Locales.

d) Todas las respuestas anteriores son correctas.

9. ¿Es posible crear agrupaciones de Municipios diferentes de la Provincia?

a) No.

b) En algunos casos.

c) Solo si lo decide el Presidente del Gobierno.

d) Sí.

10. De conformidad con el artículo 140 de la Constitución Española, los concejales serán elegidos por sufragio:

a) Universal por parte de los ciudadanos del municipio.
b) Universal, igual, libre, e indirecto.
c) Universal, igual, libre, directo y secreto.
d) Universal, igual, libre, directo y secreto, en la forma establecida en la ley.

En MADTEST tienes **más preguntas de este tema**, y todos tus avances quedan registrados y se reflejan en el ranking.

¡Supera tus límites con MADTEST!

Solución al test n.º 5

1. d) Son correctas las respuestas b) y c).

2. b) El Decreto de Javier de Burgos, de 30 de noviembre de 1833.

3. a) Las Áreas Metropolitanas.

4. d) La Isla en los archipiélagos balear y canario y los municipios.

5. d) Será causa de disolución.

6. a) El Estado se organiza territorialmente en Municipios, en Provincias y en las Comunidades Autónomas que se constituyan.

7. a) El gobierno y la administración autónoma de las provincias estarán encomendados a las Diputaciones u otras Corporaciones de carácter representativo.

8. d) Todas las respuestas anteriores son correctas.

9. d) Sí.

10. d) Universal, igual, libre, directo y secreto, en la forma establecida en la ley.

TEST N.º 6

El municipio. El término municipal. La población. Competencias municipales. Los órganos municipales. Atribuciones de los distintos órganos

1. Entre las potestades y prerrogativas que tienen los municipios se encuentran:

a) La tributaria y financiera.
b) De revisión de oficio de sus actos y acuerdos.
c) Expropiatoria.
d) Todas las respuestas son correctas.

2. Los elementos del Municipio son:

a) El territorio, la población y la financiación.
b) El territorio, las instituciones y la organización.
c) La organización, la autonomía y el territorio.
d) La población, la organización y el territorio.

3. Según el Reglamento de Población y Demarcación Territorial de las Entidades Locales el término municipal es:

a) El territorio en que el Ayuntamiento ejerce su jurisdicción.
b) El territorio en que el Ayuntamiento ejerce sus competencias.
c) El territorio en que el Ayuntamiento ejerce su política.
d) Las respuestas b) y c) son correctas.

4. De acuerdo con lo dispuesto en la Ley de Bases de Régimen Local:

a) La creación de nuevos municipios solo podrá realizarse sobre la base de núcleos de población territorialmente diferenciados, de al menos 25.000 habitantes.
b) La creación de nuevos municipios solo podrá realizarse sobre la base de núcleos de población territorialmente diferenciados, de al menos 4.000 habitantes.
c) La creación de nuevos municipios solo podrá realizarse sobre la base de núcleos de población territorialmente diferenciados, de al menos 3.000 habitantes.
d) La creación de nuevos municipios solo podrá realizarse sobre la base de núcleos de población territorialmente diferenciados, de al menos 250.000 habitantes.

5. ¿La alteración de términos municipales podrá suponer la modificación de los límites provinciales?

a) Solo en casos excepcionales.
b) En ningún caso.
c) Cuando concurran los requisitos establecidos en la ley.
d) Sí.

6. En los casos de fusión de municipios:

a) El nuevo municipio se subrogará en todos los derechos y obligaciones de los anteriores municipios.
b) El nuevo municipio resultante de la fusión no podrá segregarse hasta transcurridos cien años.
c) El órgano del gobierno del nuevo municipio resultante estará constituido transitoriamente por la suma de los concejales de los municipios fusionados.
d) Las respuestas a) y c) son correctas.

7. Son derechos y deberes de los vecinos:

a) Contribuir mediante la aportación de sus bienes inmuebles a la realización de las competencias municipales.
b) Exigir la prestación y, en su caso, el establecimiento del correspondiente servicio público, en el supuesto de constituir una competencia municipal propia aunque no sea de carácter obligatorio.
c) Acceder a los aprovechamientos comunales.
d) Ejercer la iniciativa individual en los términos previstos en el art. 70 bis de la Ley de Bases de Régimen Local.

8. La inscripción de los extranjeros en el Padrón municipal:

a) Constituirá prueba de su residencia legal en España.
b) Iniciará el expediente de adquisición de la nacionalidad española.
c) No les atribuirá ningún derecho que no les confiera la legislación vigente.
d) Permitirá obtener un permiso de trabajo.

9. El padrón municipal es:

a) La base de datos donde constan los nombres de los vecinos.
b) El registro administrativo donde solo constan los domicilios de los vecinos.
c) El registro administrativo donde constan los vecinos de un municipio.
d) El registro administrativo donde solo constan los domicilios de los extranjeros del municipio.

10. La inscripción en el Padrón municipal contendrá como obligatorios los siguientes datos:

a) Las matrículas de los vehículos de los vecinos.
b) El número de identificación de los aparatos tecnológicos existentes en cada casa.
c) Los ascendientes que habitan en cada casa.
d) Ninguna de las respuestas es correcta.

En MADTEST tienes **más preguntas de este tema**, y todos tus avances quedan registrados y se reflejan en el ranking.

¡Supera tus límites con MADTEST!

Solución al test n.º 6

1. d) Todas las respuestas son correctas.

2. d) La población, la organización y el territorio.

3. b) El territorio en que el Ayuntamiento ejerce sus competencias.

4. b) La creación de nuevos municipios solo podrá realizarse sobre la base de núcleos de población territorialmente diferenciados, de al menos 4.000 habitantes.

5. b) En ningún caso.

6. d) Las respuestas a) y c) son correctas.

7. c) Acceder a los aprovechamientos comunales.

8. c) No les atribuirá ningún derecho que no les confiera la legislación vigente.

9. c) El registro administrativo donde constan los vecinos de un municipio.

10. d) Ninguna de las respuestas es correcta.

TEST N.º 7

La provincia en la Constitución Española, en el régimen local y en el ámbito de las comunidades autónomas. Competencias de la provincia. Especial referencia a la Diputación de Valencia

1. De acuerdo con el artículo 141.1 de la Constitución española:

a) La Provincia es una Entidad Local con personalidad jurídica propia, determinada por la agrupación de Municipios y división territorial para el cumplimiento de las actividades de la Comunidad Autónoma.

b) La Provincia es una Entidad Local con personalidad jurídica propia, determinada por la agrupación de comarcas y división territorial para el cumplimiento de las actividades del Estado.

c) La Provincia es una Entidad Local con personalidad jurídica propia, determinada por la agrupación de Municipios y división territorial para el cumplimiento de las actividades del Estado.

d) La Provincia es una Entidad Local con personalidad jurídica propia, determinada por la agrupación de Municipios y división territorial para el cumplimiento de los fines de la Unión Europea.

2. El Decreto de Javier de Burgos fue:

a) El que realizó la efectiva división provincial y fue aprobado en el año 1833.

b) El que aprobó la extinción de las Diputaciones Provinciales en Cataluña.

c) El que realizó la efectiva división provincial y fue aprobado en el año 1843.

d) El que abogó por el carácter regionalista de la provincia.

3. Según la Constitución española:

a) En los Archipiélagos, las Islas tendrán además su administración propia en forma de Cabildos o Consejos.

b) El gobierno y la administración autónoma de las Provincias estarán encomendados a los Ayuntamientos.

c) La Provincia es circunscripción electoral para la elección de Diputados y Senadores.

d) Las respuestas a) y c) son correctas.

4. El territorio de la Nación española se divide en:

a) 40 Provincias.
b) 54 Provincias.
c) 60 Provincias.
d) 50 Provincias.

5. Son fines propios y específicos de la Provincia:

a) Asegurar la prestación integral y adecuada en la totalidad del territorio provincial de los servicios de competencia regional.
b) Participar en la coordinación de la Comunidad Autónoma y el Estado.
c) Garantizar los principios de solidaridad y equilibrio intermunicipales.
d) Asegurar la prestación integral y adecuada en la totalidad del territorio municipal de los servicios públicos.

6. Las Provincias podrán realizar:

a) La gestión ordinaria de servicios propios de la Administración Autonómica.
b) La gestión ordinaria de servicios propios de la Administración Estatal.
c) La gestión ordinaria de servicios propios de la comarcas.
d) Todas las respuestas son falsas.

7. Las competencias delegadas:

a) Preverán técnicas de dirección y control de oportunidad y eficiencia.
b) En algunos casos preverán técnicas de dirección y control de oportunidad y eficiencia.
c) En ningún caso preverán técnicas de dirección y control de oportunidad y eficiencia.
d) Preverán técnicas de dirección pero no de control de oportunidad y eficiencia.

8. Las competencias propias de los Municipios, las Provincias, las Islas y demás Entidades Locales territoriales:

a) Solo podrán ser determinadas por reglamento y se ejercen en régimen de autonomía.
b) Solo podrán ser determinadas por ley y se ejercen en régimen de autonomía.
c) Solo podrán ser determinadas por ley y se ejercen en régimen de jerarquía.
d) Solo podrán ser determinadas por ley y se ejercen en régimen de tutela.

9. Son competencias propias de la Diputación:

a) Cementerios y actividades funerarias.
b) Promoción del deporte e instalaciones deportivas y de ocupación del tiempo libre.
c) Tráfico, estacionamiento de vehículos y movilidad.
d) La prestación de los servicios de administración electrónica y la contratación centralizada en los municipios con población inferior a 20.000 habitantes.

10. No es una competencia de la Diputación:

a) La prestación de servicios públicos de carácter supramunicipal.
b) La coordinación de los servicios municipales entre sí.
c) La asistencia y cooperación jurídica, económica y técnica a los Municipios.
d) Policía local, protección civil, prevención y extinción de incendios.

En MADTEST tienes **más preguntas de este tema**, y todos tus avances quedan registrados y se reflejan en el ranking.

¡Supera tus límites con MADTEST!

Solución al test n.º 7

1. c) La Provincia es una Entidad Local con personalidad jurídica propia, determinada por la agrupación de Municipios y división territorial para el cumplimiento de las actividades del Estado.

2. a) El que realizó la efectiva división provincial y fue aprobado en el año 1833.

3. d) Las respuestas a) y c) son correctas.

4. d) 50 Provincias.

5. c) Garantizar los principios de solidaridad y equilibrio intermunicipales.

6. a) La gestión ordinaria de servicios propios de la Administración Autonómica.

7. a) Preverán técnicas de dirección y control de oportunidad y eficiencia.

8. b) Solo podrán ser determinadas por ley y se ejercen en régimen de autonomía.

9. d) La prestación de los servicios de administración electrónica y la contratación centralizada en los municipios con población inferior a 20.000 habitantes.

10. d) Policía local, protección civil, prevención y extinción de incendios.

TEST N.º 8

Órganos de gobierno y administración de la provincia. Composición e integración de las diputaciones. Atribuciones de los distintos órganos de gobierno

1. El Presidente de la Diputación deberá jurar o prometer el cargo:

a) Ante la Subdelegación del Gobierno.
b) Ante la Delegación del Gobierno.
c) Ante el Pleno de la misma.
d) Ante el Consejo de Diputaciones.

2. El mandato del Presidente de la Diputación será:

a) Por cinco años, pero puede ser destituido de su cargo mediante moción de censura o por la pérdida de una cuestión de confianza.
b) Por seis años, pero puede ser destituido de su cargo mediante moción de censura o por la pérdida de una cuestión de confianza.
c) Por cuatro años, pero puede ser destituido de su cargo mediante moción de censura o por la pérdida de una cuestión de confianza.
d) Por cuatro años, pero puede ser destituido de su cargo por votación de la mitad de los diputados provinciales.

3. No es una atribución del Presidente de la Diputación:

a) El planteamiento de conflictos de competencias a otras Entidades locales y demás Administraciones Públicas.
b) El ejercicio de las acciones judiciales y administrativas y la defensa de la Diputación en las materias de su competencia.
c) Representar a la Diputación.
d) Aprobar las bases de las pruebas para la selección del personal.

4. Corresponde al Presidente de la Diputación:

a) El ejercicio de las acciones judiciales y administrativas y la defensa en cualquier materia.
b) El despido del personal laboral.

c) La organización de la Diputación.

d) Ninguna respuesta es correcta.

5. El Presidente de la Diputación puede delegar el ejercicio de sus atribuciones, salvo:

a) El despido del personal laboral.

b) Concertar operaciones de crédito.

c) Aprobar la oferta de empleo público.

d) Las respuestas a) y b) son correctas.

6. Si una provincia tiene entre 500.001 a 1.000.000 residentes le corresponderá el siguiente número de Diputados:

a) 51.

b) 27.

c) 25.

d) 31.

7. Los Diputados se repartirán entre los Partidos Judiciales de la correspondiente Provincia, mediante el sistema de:

a) Asignar a cada Partido Judicial dos Diputados y distribuir los restantes proporcionalmente a la población de los mismos.

b) Asignar a cada Partido Judicial un Diputado y distribuir los restantes proporcionalmente a la población de los mismos.

c) Asignar a cada Partido Judicial diez Diputados y distribuir los restantes proporcionalmente a la población de los mismos.

d) Asignar a cada Partido Judicial dos Diputados y distribuir los restantes por el sistema de D'Hondt.

8. No corresponde al Pleno de la Diputación:

a) La aprobación de la plantilla de personal y la relación de puestos de trabajo.

b) La aprobación de los planes de carácter provincial.

c) Distribuir las retribuciones complementarias que no sean fijas y periódicas.

d) La declaración de lesividad de los actos de la Diputación.

9. Es una atribución de la Junta de Gobierno de la Diputación:

a) La asistencia al Pleno en el ejercicio de sus atribuciones.

b) La asistencia a las Comisiones Informativas en el ejercicio de sus atribuciones.

c) La asistencia al Presidente en el ejercicio de sus atribuciones.

d) Las atribuciones que el Pleno le delegue.

10. ¿Se puede perder la condición de Vicepresidente de la Diputación?

a) En ningún caso.

b) Sí, por renuncia expresa manifestada por escrito y por pérdida de la condición de miembro de la Junta de Gobierno.

c) Sí, por renuncia expresa manifestada oralmente y por pérdida de la condición de miembro de la Junta de Gobierno.

d) Sí, por renuncia expresa y por pérdida de la condición de miembro del Pleno.

Solución al test n.º 8

1. c) Ante el Pleno de la misma.

2. c) Por cuatro años, pero puede ser destituido de su cargo mediante moción de censura o por la pérdida de una cuestión de confianza.

3. a) El planteamiento de conflictos de competencias a otras Entidades locales y demás Administraciones Públicas.

4. b) El despido del personal laboral.

5. d) Las respuestas a) y b) son correctas.

6. b) 27.

7. b) Asignar a cada Partido Judicial un Diputado y distribuir los restantes proporcionalmente a la población de los mismos.

8. c) Distribuir las retribuciones complementarias que no sean fijas y periódicas.

9. c) La asistencia al Presidente en el ejercicio de sus atribuciones.

10. b) Sí, por renuncia expresa manifestada por escrito y por pérdida de la condición de miembro de la Junta de Gobierno.

Otras entidades locales. Entidades locales de ámbito inferior en el municipio. Las comarcas. Las mancomunidades de municipios. Las áreas metropolitanas. Los consorcios

1. La Ley de Bases de Régimen Local distingue entre entidades territoriales y otras entidades locales. Entre estas últimas se encuentran:

a) La Provincia.
b) Las Áreas Metropolitanas.
c) Las Mancomunidades de Municipios.
d) Las respuestas b) y c) son correctas.

2. Las Mancomunidades de municipios se definen como:

a) Una agrupación de Municipios, cuyas características determinen intereses comunes precisados de una gestión propia o demanden la prestación de servicios de dicho ámbito.
b) Entidades que se crean para la ejecución en común de obras y servicios de su competencia.
c) Entidades Locales integradas por los Municipios de grandes aglomeraciones urbanas entre cuyos núcleos de población existan vinculaciones económicas y sociales que hagan necesaria la planificación conjunta y la coordinación de determinados servicios y obras.
d) Entidades que han perdido la condición de Entidades Locales.

3. Las Áreas Metropolitanas se definen como:

a) Entidades que han perdido la condición de Entidades Locales.
b) Entidades Locales integradas por los Municipios de grandes aglomeraciones urbanas entre cuyos núcleos de población existan vinculaciones económicas y sociales que hagan necesaria la planificación conjunta y la coordinación de determinados servicios y obras.
c) Entidades que se crean para la ejecución en común de obras y servicios de su competencia.
d) Una agrupación de Municipios, cuyas características determinen intereses comunes precisados de una gestión propia o demanden la prestación de servicios de dicho ámbito.

4. Las Comarcas se definen como:

a) Entidades Locales integradas por los Municipios de grandes aglomeraciones urbanas entre cuyos núcleos de población existan vinculaciones económicas y sociales que hagan necesaria la planificación conjunta y la coordinación de determinados servicios y obras.
b) Una agrupación de Municipios, cuyas características determinen intereses comunes precisados de una gestión propia o demanden la prestación de servicios de dicho ámbito.
c) Entidades que han perdido la condición de Entidades Locales.
d) Entidades que se crean para la ejecución en común de obras y servicios de su competencia.

5. En relación con las Entidades de ámbito territorial inferior al Municipio:

a) Se crean para la ejecución en común de obras y servicios de su competencia.
b) Han perdido la condición de Entidades Locales.
c) Son agrupaciones, cuyas características determinen intereses comunes precisados de una gestión propia o demanden la prestación de servicios de dicho ámbito.
d) Se tratan de Entidades Locales integradas por los Municipios de grandes aglomeraciones urbanas entre cuyos núcleos de población existan vinculaciones económicas y sociales que hagan necesaria la planificación conjunta y la coordinación de determinados servicios y obras.

6. Para que los Municipios se mancomunen:

a) No será indispensable que pertenezcan a la misma Provincia ni que exista entre ellos continuidad territorial.
b) Será indispensable que pertenezcan a la misma Provincia y que exista entre ellos continuidad territorial.
c) No será indispensable que pertenezcan a la misma Provincia pero sí que exista entre ellos continuidad territorial.
d) Será indispensable que pertenezcan a la misma Provincia y que no exista entre ellos continuidad territorial.

7. En las Mancomunidades:

a) No podrán integrarse en la misma Mancomunidad Municipios pertenecientes a distintas Comunidades Autónomas.
b) Podrán integrarse en la misma Mancomunidad Municipios pertenecientes a distintas Comunidades Autónomas, siempre que lo permitan las normativas de los municipios afectados.
c) Podrán integrarse en la misma Mancomunidad Municipios pertenecientes a distintas Comunidades Autónomas, siempre que lo permitan las normativas de las Comunidades Autónomas afectadas.
d) No podrán integrarse en la misma Mancomunidad municipios que tengan distinta población.

8. En las Mancomunidades los órganos de gobierno estarán integrados por representantes de:

a) Las Juntas de las Mancomunidades.

b) Los municipios mancomunados en la forma que determinen los correspondientes Estatutos.

c) Las Comisiones Gestoras.

d) Las provincias que las integran.

9. La elaboración de los Estatutos de las Mancomunidades:

a) Corresponderá a los alcaldes de la totalidad de los Municipios promotores de la Mancomunidad, constituidos en Asamblea.

b) Exigirá que la Diputación o Diputaciones Provinciales interesadas emitan informe sobre el Proyecto de Estatutos.

c) Corresponderá a los Concejales de la totalidad de los Municipios promotores de la Mancomunidad, constituidos en Asamblea.

d) Las respuestas b) y c) son correctas.

10. Los Plenos de todos los Ayuntamientos aprobarán los Estatutos de las Mancomunidades, con el voto favorable:

a) De la mayoría simple del número legal de miembros de cada Corporación.

b) De todos los alcaldes.

c) De un tercio de los alcaldes.

d) De la mayoría absoluta del número legal de miembros de cada Corporación.

En MADTEST tienes **más preguntas de este tema**, y todos tus avances quedan registrados y se reflejan en el ranking.

¡Supera tus límites con MADTEST!

Solución al test n.º 9

1. d) Las respuestas b) y c) son correctas.

2. b) Entidades que se crean para la ejecución en común de obras y servicios de su competencia.

3. b) Entidades Locales integradas por los Municipios de grandes aglomeraciones urbanas entre cuyos núcleos de población existan vinculaciones económicas y sociales que hagan necesaria la planificación conjunta y la coordinación de determinados servicios y obras.

4. b) Una agrupación de Municipios, cuyas características determinen intereses comunes precisados de una gestión propia o demanden la prestación de servicios de dicho ámbito.

5. b) Han perdido la condición de Entidades Locales.

6. a) No será indispensable que pertenezcan a la misma Provincia ni que exista entre ellos continuidad territorial.

7. c) Podrán integrarse en la misma Mancomunidad Municipios pertenecientes a distintas Comunidades Autónomas, siempre que lo permitan las normativas de las Comunidades Autónomas afectadas.

8. b) Los municipios mancomunados en la forma que determinen los correspondientes Estatutos.

9. d) Las respuestas b) y c) son correctas.

10. d) De la mayoría absoluta del número legal de miembros de cada Corporación.

TEST N.º 10

Funcionamiento de los órganos colegiados locales: régimen de sesiones y acuerdos. Actas y certificaciones de acuerdos. Certificaciones del presidente de la corporación

1. Atendiendo a su finalidad fundamental, puede definirse la sesión como:

a) Un acto más del procedimiento.
b) Una reunión de los miembros de la Corporación.
c) Un procedimiento que tiene por objeto la formación y declaración de voluntad del órgano colegiado.
d) Una conferencia expositiva.

2. Las sesiones pueden ser:

a) Ordinarias y extraordinarias.
b) Ordinarias y permanentes.
c) Permanentes y especiales.
d) Ordinarias, extraordinarias y extraordinarias urgentes.

3. La periodicidad de las sesiones extraordinarias es:

a) Como mínimo cada mes en los Ayuntamientos de municipios de más de 20.000 habitante.
b) Cada dos meses en los Ayuntamientos de los municipios de una población entre 5.001 habitantes y 20.000 habitantes.
c) Las sesiones extraordinarias no están sujetas a periodicidad.
d) Cada tres meses en los municipios de hasta 5.000 habitantes.

4. Si el Presidente no convocase el Pleno extraordinario solicitado por la cuarta parte, al menos, del número legal de miembros de la Corporación dentro del plazo de quince días hábiles desde que fuera solicitado:

a) Quedará automáticamente convocado para el décimo día hábil siguiente al de la finalización de dicho plazo, a las once horas.
b) Quedará automáticamente convocado para el undécimo día hábil siguiente al de la finalización de dicho plazo, a las doce horas.

c) Quedará automáticamente convocado para el décimo día hábil siguiente al de la finalización de dicho plazo, a las doce horas.

d) Ninguna respuesta es correcta.

5. La convocatoria de las sesiones dará lugar a la apertura del correspondiente expediente, en el que no deberá constar:

a) La constancia de las tasas que procedan.

b) La relación de expedientes conclusos.

c) La fijación del Orden del Día.

d) Minuta del Acta.

6. En el Orden del Día de las sesiones ordinarias se incluirá el punto de ruegos y preguntas:

a) De todos los asistentes.

b) Siempre.

c) De las asociaciones de vecinos.

d) En determinados casos.

7. ¿Es posible habilitarse otro edificio o local para la celebración de las sesiones?

a) En los casos de fuerza mayor.

b) En ningún caso.

c) Se celebrarán en la Casa Consistorial y si no es posible se suspenderá la sesión.

d) En todo caso, se celebrarán en Palacio Provincial o sede de la Corporación de que se trate.

8. Quien se considere aludido por una intervención podrá solicitar del Alcalde o Presidente:

a) La concesión de un turno por alusiones por tiempo de tres minutos.

b) Retirarse de la sesión.

c) Que se conceda un turno por alusiones, que será breve y conciso.

d) La concesión de un turno por alusiones por tiempo de cinco minutos.

9. ¿En qué consiste la moción?

a) Es la propuesta sometida a Pleno tras el estudio del expediente por la Comisión Informativa.

b) Es la propuesta que se somete a Pleno relativa a un asunto incluido en el Orden del Día sin haber pasado por la Comisión Informativa.

c) Es la propuesta que se somete directamente a conocimiento del Pleno, sobre un asunto no comprendido en el Orden del Día y que no tiene cabida en el punto de ruegos y preguntas.

d) Es la propuesta de modificación de un dictamen formulada por un miembro de la Comisión Informativa.

10. La votación podrá ser:

a) Por nombre y apellidos o por partido político.
b) Nominal, secreta y en voz alta.
c) Secreta y no secreta.
d) Nominal, secreta y ordinaria.

En MADTEST tienes **más preguntas de este tema**, y todos tus avances quedan registrados y se reflejan en el ranking.

¡Supera tus límites con MADTEST!

Solución al test n.º 10

1. c) Un procedimiento que tiene por objeto la formación y declaración de voluntad del órgano colegiado

2. d) Ordinarias, extraordinarias y extraordinarias urgentes.

3. c) Las sesiones extraordinarias no están sujetas a periodicidad.

4. c) Quedará automáticamente convocado para el décimo día hábil siguiente al de la finalización de dicho plazo, a las doce horas.

5. a) La constancia de las tasas que procedan.

6. b) Siempre.

7. a) En los casos de fuerza mayor.

8. c) Que se conceda un turno por alusiones, que será breve y conciso.

9. c) Es la propuesta que se somete directamente a conocimiento del Pleno, sobre un asunto no comprendido en el Orden del Día y que no tiene cabida en el punto de ruegos y preguntas.

10. d) Nominal, secreta y ordinaria.

TEST N.º 11

**La sumisión de la Administración a la Ley y al Derecho.
Las fuentes del Derecho Administrativo: ley y reglamento.
Las fuentes del Derecho Local**

1. Señala cuál de las siguientes es una fuente indirecta de nuestro Derecho Administrativo:

a) Los Reglamentos.
b) La Jurisprudencia.
c) Los Principios Generales del Derecho.
d) La Costumbre.

2. ¿Qué tipo de fuente del Derecho Administrativo son los Reglamentos del Presidente del Gobierno?

a) Directa.
b) Indirecta.
c) Directa subsidiaria.
d) No son fuente de nuestro Derecho Administrativo.

3. ¿A quién atribuye la Constitución Española la titularidad de la potestad legislativa?

a) Únicamente al Estado.
b) A las Cortes Generales exclusivamente.
c) Al Estado y las Comunidades Autónomas.
d) Al Estado, a las Comunidades Autónomas y a las Corporaciones Locales.

4. ¿A quién atribuye el art. 91 de la Carta Magna la potestad para ordenar la inmediata publicación de las leyes aprobadas por las Cortes Generales?

a) Al Rey.
b) Al Presidente del Gobierno.

c) Al Presidente del Congreso de los Diputados.
d) Al Presidente de la Mesa de la Cámara Baja.

5. ¿Cómo se denominan las leyes por las que las Cortes Generales, en materia de competencia estatal, pueden atribuir a todas o a alguna de las Comunidades Autónomas la facultad de dictar, para sí mismas, normas legislativas en el marco de los principios, bases y directrices fijados por una ley estatal?

a) Leyes orgánicas.
b) Leyes ordinarias.
c) Leyes marco.
d) Leyes de armonización.

6. ¿En qué plazo sancionará el Rey las leyes aprobadas por las Cortes Generales?

a) Un mes.
b) Veinte días.
c) Quince días.
d) Diez días.

7. ¿Qué órgano de los siguientes promulga las leyes?

a) El Rey.
b) El Presidente del Gobierno.
c) Las Cortes Generales.
d) El Presidente del Congreso.

8. ¿Qué son los decretos legislativos?

a) Disposiciones del Gobierno sobre derechos y deberes fundamentales.
b) Disposiciones de las Cortes que contienen delegación legislativa.
c) Disposiciones del Poder Judicial que contienen delegación legislativa.
d) Disposiciones del Gobierno que contienen legislación delegada.

9. En caso de extraordinaria y urgente necesidad, ¿qué disposición legislativa provisional podrá dictar el Gobierno?

a) Decreto legislativo.
b) Ley de bases.
c) Ley orgánica.
d) Decreto ley.

10. Los decretos leyes deberán de ser inmediatamente sometidos a debate y votación de totalidad:

a) Al Senado.
b) Al Gobierno.
c) Al Congreso de los Diputados.
d) Todas las anteriores son correctas.

Solución al test n.º 11

1. b) La Jurisprudencia.

2. a) Directa.

3. c) Al Estado y las Comunidades Autónomas.

4. a) Al Rey.

5. c) Leyes marco.

6. c) Quince días.

7. a) El Rey.

8. d) Disposiciones del Gobierno que contienen legislación delegada.

9. d) Decreto ley.

10. c) Al Congreso de los Diputados.

TEST N.º 12

La Ley 40/2015, de régimen jurídico del sector público: principios generales. Los órganos de las administraciones públicas: la competencia de los órganos. Los convenios. Las relaciones interadministrativas

1. De conformidad con el artículo 8 de la Ley 40/2015, de 1 de octubre, de Régimen Jurídico del Sector Público, la competencia para el dictado de actos administrativos:

a) Es irrenunciable y siempre se ejercerá por los órganos administrativos que la tengan atribuida como propia.

b) Se puede delegar en todo caso.

c) Es irrenunciable y se ejercerá por los órganos administrativos que la tengan atribuida como propia, salvo los casos de delegación o avocación, en los términos previstos en la ley.

d) Es irrenunciable y se ejercerá por los órganos administrativos que la tengan atribuida como propia, salvo los casos de delegación de firma o suplencia, en los términos previstos en la ley.

2. En ningún caso podrán ser objeto de delegación, tal y como dispone la Ley 40/2015, de 1 de octubre, competencias relativas a:

a) La resolución de los recursos de alzada.

b) La adopción de disposiciones de carácter general.

c) Las resoluciones en materia de personal.

d) Las resoluciones de responsabilidad patrimonial.

3. Según dispone el artículo 23 de la Ley 40/2015, de 1 de octubre, de Régimen Jurídico del Sector Público, es motivo de abstención:

a) Tener interés personal en el asunto de que se trate o en otro en cuya resolución pudiera influir la de aquel, ser administrador de sociedad o entidad interesada, o tener cuestión litigiosa pendiente con algún interesado.

b) Tener parentesco de consanguinidad dentro del cuarto grado o de afinidad dentro del tercero, con cualquiera de los interesados, con los administradores de entidades o sociedades interesadas o con sus asesores o representantes legales.

c) Haber prestado servicios profesionales de cualquier tipo y en cualquier circunstancia o lugar en los cinco últimos años a persona natural interesada directamente en el asunto.

d) Haber prestado servicios profesionales de cualquier tipo y en cualquier circunstancia o lugar en los cinco últimos años a persona jurídica interesada directamente en el asunto.

4. La recusación de acuerdo con el artículo 24 de la Ley 40/2015, de 1 de octubre, de Régimen Jurídico del Sector Público, la promueve:

a) La autoridad.
b) El superior jerárquico de la autoridad o funcionario.
c) El interesado.
d) El funcionario.

5. Según dispone el artículo 23 de la Ley 40/2015, de 1 de octubre, de Régimen Jurídico del Sector Público, NO es un motivo de abstención:

a) Haber tenido intervención como perito en el procedimiento de que se trate.
b) Tener parentesco de afinidad dentro del segundo grado, con cualquiera de los interesados, con los administradores de entidades o sociedades interesadas y también con los asesores, representantes legales o mandatarios que intervengan en el procedimiento.
c) Tener parentesco de afinidad dentro del cuarto grado, con cualquiera de los interesados, con los administradores de entidades o sociedades interesadas y también con los asesores, representantes legales o mandatarios que intervengan en el procedimiento.
d) Haber tenido intervención como testigo en el procedimiento de que se trate.

6. Según el artículo 9 de la Ley 40/2015, de 1 de octubre, de Régimen Jurídico del Sector Público, la delegación de competencias:

a) Será revocable en cualquier momento por el órgano que la haya conferido.
b) Es irrevocable.
c) Será revocable solo por el Consejo de Gobierno.
d) Será revocable solo por el Consejo de Ministros.

7. De acuerdo con el artículo 3 de la Ley 40/2015, de 1 de octubre, de Régimen Jurídico del Sector Público, ¿cuáles son los principios de actuación de las Administraciones Públicas?

a) Jerarquía, cooperación, descentralización, desconcentración y colaboración.
b) Eficacia, desconcentración, jerarquía, descentralización y cooperación.
c) Coordinación, descentralización, jerarquía, eficacia y desconcentración.
d) Cooperación, jerarquía, descentralización, eficiencia y servicio a los ciudadanos.

8. ¿Qué principios deberán respetar en su actuación las Administraciones Públicas, conforme al artículo 3 de la Ley 40/2015, de 1 de octubre, de Régimen Jurídico del Sector Público?

a) Los de buena fe y confianza legítima.
b) Los de eficiencia y servicio a los ciudadanos.
c) Participación, objetividad y transparencia de la actuación administrativa.
d) Los de transparencia y participación.

9. ¿Qué principios deberán respetar en sus relaciones las Administraciones Públicas?

a) Buena fe, confianza legítima y lealtad institucional.
b) Los de eficiencia y servicio a los ciudadanos.
c) Los de transparencia y participación.
d) Los de cooperación y colaboración.

10. Las Administraciones Públicas se relacionarán entre sí y con sus órganos, organismos públicos y entidades vinculados o dependientes, conforme al artículo 3.2 de la Ley 40/2015, de 1 de octubre, de Régimen Jurídico del Sector Público:

a) A través de medios electrónicos.
b) A través de medios electrónicos, que aseguren la interoperabilidad y seguridad de los sistemas y soluciones adoptadas por cada una de ellas garantizando la protección de los datos de carácter personal, y facilitando preferentemente la prestación conjunta de servicios a los interesados.
c) Directamente y sin dilación garantizando la protección de los datos de carácter personal, y facilitarán preferentemente la prestación conjunta de servicios a los interesados.
d) Preferentemente a través de medios electrónicos, que aseguren la prestación conjunta de servicios a los interesados.

En MADTEST tienes **más preguntas de este tema**, y todos tus avances quedan registrados y se reflejan en el ranking.

¡Supera tus límites con MADTEST!

Solución al test n.º 12

1. c) Es irrenunciable y se ejercerá por los órganos administrativos que la tengan atribuida como propia, salvo los casos de delegación o avocación, en los términos previstos en la ley.

2. b) La adopción de disposiciones de carácter general.

3. a) Tener interés personal en el asunto de que se trate o en otro en cuya resolución pudiera influir la de aquel, ser administrador de sociedad o entidad interesada, o tener cuestión litigiosa pendiente con algún interesado.

4. c) El interesado.

5. c) Tener parentesco de afinidad dentro del cuarto grado, con cualquiera de los interesados, con los administradores de entidades o sociedades interesadas y también con los asesores, representantes legales o mandatarios que intervengan en el procedimiento.

6. a) Será revocable en cualquier momento por el órgano que la haya conferido.

7. c) Coordinación, descentralización, jerarquía, eficacia y desconcentración.

8. c) Participación, objetividad y transparencia de la actuación administrativa.

9. a) Buena fe, confianza legítima y lealtad institucional.

10. b) A través de medios electrónicos, que aseguren la interoperabilidad y seguridad de los sistemas y soluciones adoptadas por cada una de ellas, garantizando la protección de los datos de carácter personal, y facilitando preferentemente la prestación conjunta de servicios a los interesados.

Administración electrónica: el acceso electrónico de los ciudadanos a los servicios públicos. El funcionamiento electrónico del sector público: sede electrónica y portal de internet, sistemas de identificación y firma electrónica. El archivo electrónico. El expediente administrativo

1. Conforme al artículo 9.2 de la LPACAP, los interesados podrán identificarse electrónicamente ante las Administraciones Públicas a través de cualquier sistema que cuente con un registro previo como usuario que permita garantizar su:

a) Identidad.
b) Motivación.
c) Consentimiento.
d) Ubicación.

2. Según el artículo 13.g) de la LPACAP, quienes tienen capacidad de obrar ante las Administraciones Públicas, son titulares, en sus relaciones con ellas, del derecho a la obtención y utilización de:

a) Cualquier medio de identificación y firma electrónica.
b) Los medios de identificación y firma electrónica que tenga a su alcance.
c) Los medios de identificación y firma electrónica contemplados en esta ley.
d) Los medios de identificación y firma electrónica, cuando así corresponda legalmente.

3. Según el artículo 13.a) de la LPACAP, quienes tienen capacidad de obrar ante las Administraciones Públicas son titulares del derecho a comunicarse con estas a través de:

a) Un funcionario habilitado para representarles.
b) Una entidad sin personalidad jurídica.
c) Un Punto de Acceso específico electrónico de la Administración.
d) Un Punto de Acceso General electrónico de la Administración.

4. Conforme al artículo 9 de la LPACAP (en redacción dada por la Ley 11/2022, de 28 de junio), los interesados podrán identificarse electrónicamente ante las Administraciones Públicas a través de cualquier sistema que las Administraciones públicas consideren válido en los términos y condiciones que se establezca, siempre que cuenten con un registro previo como usuario que permita garantizar su identidad y previa comunicación a la Secretaría General de Administración Digital del Ministerio para la Transformación Digital y de la Función Pública. De forma previa a la eficacia jurídica del sistema, habrá de transcurrir desde dicha comunicación el siguiente plazo, durante el cual el órgano estatal competente por motivos de seguridad pública podrá acudir a la vía jurisdiccional, previo informe vinculante de la Secretaría de Estado de Seguridad:

a) 1 mes.
b) 2 meses.
c) 3 meses.
d) 6 meses.

5. Señala la palabra que falta, según el artículo 12.1 de la LPACAP. Las Administraciones Públicas deberán garantizar que los interesados pueden relacionarse con la Administración a través de medios electrónicos, para lo que pondrán a su disposición los .... de acceso que sean necesarios así como los sistemas y aplicaciones que en cada caso se determinen:

a) Portales.
b) Servidores.
c) Canales.
d) Códigos.

6. Una condición para que pueda realizarse válidamente la identificación o firma electrónica en el procedimiento administrativo del interesado por un funcionario público mediante el uso del sistema de firma electrónica del que esté dotado para ello, es que:

a) El interesado disponga de los medios electrónicos necesarios.
b) El interesado esté obligado a relacionarse con la Administración por medios electrónicos.
c) El interesado se identifique ante el funcionario y preste su consentimiento expreso para esta actuación.
d) El interesado sea una persona física o jurídica.

7. En relación con el expediente administrativo, NO es cierto, conforme al artículo 70 de la LPACAP, que:

a) Deban tener formato electrónico.
b) Han de incluir la información que tenga carácter auxiliar o de apoyo.

c) En él ha de constar copia electrónica certificada de la resolución adoptada.

d) Ha de incluir un índice numerado de todos los documentos que contenga cuando se remita.

8. No es cierto, conforme al artículo 70.3 de la LPACAP, que, cuando en virtud de una norma sea preciso remitir el expediente electrónico, se enviará:

a) Por partes.

b) Foliado.

c) Autentificado.

d) Acompañado de un índice de los documentos que contenga.

9. Según el artículo 38.3 de la LRJSP, cada Administración Pública determinará las condiciones e instrumentos de creación de las sedes electrónicas, con sujeción a varios principios, entre los que no figura el de:

a) Neutralidad.

b) Accesibilidad.

c) Coordinación.

d) Publicidad.

10. Se define en el artículo 39 de la LRJSP como el punto de acceso electrónico cuya titularidad corresponda a una Administración Pública, organismo público o entidad de Derecho Público que permite el acceso a través de internet a la información publicada y, en su caso, a la sede electrónica correspondiente:

a) Portal de transparencia.

b) Plataforma oficial.

c) Portal web.

d) Portal de internet.

Solución al test n.º 13

1. a) Identidad.

2. c) Los medios de identificación y firma electrónica contemplados en esta ley.

3. d) Un Punto de Acceso General electrónico de la Administración.

4. b) 2 meses.

5. c) Canales.

6. c) El interesado se identifique ante el funcionario y preste su consentimiento expreso para esta actuación.

7. b) Han de incluir la información que tenga carácter auxiliar o de apoyo.

8. a) Por partes.

9. c) Coordinación.

10. d) Portal de internet.

TEST N.º 14

La igualdad de trato y no discriminación de las personas LGTBI en el ámbito de la administración pública: marco normativo, medidas de protección y políticas activas. Derechos reconocidos en la Ley 4/2023 y actuaciones administrativas para garantizar la igualdad real y efectiva. La Ley Orgánica 3/2007, de 22 de marzo, para la igualdad efectiva de mujeres y hombres: El principio de igualdad en el empleo público

1. ¿Cuál es el artículo de la Declaración Universal de Derechos humanos que declara que toda persona tiene los derechos y libertades proclamados en ella, sin distinción alguna de raza, color, sexo, idioma, religión, opinión política o de cualquier otra índole, origen nacional o social, posición económica, nacimiento o cualquier otra condición?

a) El artículo 1.
b) El artículo 2.
c) El artículo 3.
d) El artículo 4.

2. La Ley que define las políticas públicas que garantizarán los derechos de las personas LGTBI y remueve los obstáculos que les impiden ejercer plenamente su ciudadanía, es la:

a) Ley 4/2023, de 22 de marzo.
b) Ley 3/2023, de 28 de febrero.
c) Ley 8/2021, de 2 de junio.
d) Ley 4/2023, de 28 de febrero.

3. Según su artículo 2, la Ley 4/2023 será de aplicación:

a) A toda persona física, de carácter público, que resida en territorio español, cualquiera que fuera su nacionalidad, origen racial o étnico, religión, domicilio, residencia, edad, estado civil o situación administrativa, en los términos y con el alcance que se contemplan en esta ley y en el resto del ordenamiento jurídico.
b) A toda persona física o jurídica, de carácter público o privado, que resida, se encuentre o actúe en territorio español, de nacionalidad española, en los términos y con el alcance que se contemplan en esta ley y en el resto del ordenamiento jurídico.

c) A toda persona física, de carácter público o privado, que resida o se encuentre o actúe en territorio español, cualquiera que fuera su nacionalidad, origen racial o étnico, religión, domicilio, residencia, edad, estado civil o situación administrativa, en los términos y con el alcance que se contemplan en esta ley.

d) A toda persona física o jurídica, de carácter público o privado, que resida, se encuentre o actúe en territorio español, cualquiera que fuera su nacionalidad, origen racial o étnico, religión, domicilio, residencia, edad, estado civil o situación administrativa, en los términos y con el alcance que se contemplan en esta ley y en el resto del ordenamiento jurídico.

4. El Título III de la Ley 4/2023, de 28 de febrero trata sobre:

a) La actuación de los poderes públicos.
b) Las medidas para la igualdad real y efectiva de las personas trans.
c) Protección efectiva y reparación frente a la discriminación y la violencia por LGTBIfobia.
d) Infracciones y Sanciones.

5. El objeto de la Ley para la igualdad real y efectiva de las personas trans y para la garantía de los derechos de las personas LGTBI es:

a) La ordenación de las políticas públicas y la regulación de estructuras, recursos y servicios en favor de la rectificación pública de este colectivo.
b) Garantizar y promover el derecho a la igualdad real y efectiva de las personas lesbianas, gais, trans, bisexuales e intersexuales, así como de sus familias.
c) Armonizar los requisitos para el reconocimiento de la condición efectiva de las personas pertenecientes a la comunidad LGTBI.
d) Definir el instrumento principal de colaboración entre las distintas comunidades y colectivos para lograr el respeto hacia la comunidad LGTBI.

6. Se produce cuando una disposición, criterio o práctica aparentemente neutros ocasiona o puede ocasionar a una o varias personas una desventaja particular con respecto a otras por razón de orientación sexual, e identidad sexual, expresión de género o características sexuales. Nos referimos a:

a) Discriminación directa.
b) Discriminación interseccional.
c) Discriminación indirecta.
d) Discriminación por error.

7. ¿Cómo se denomina a la condición de aquellas personas nacidas con unas características biológicas, anatómicas o fisiológicas, una anatomía sexual, unos órganos reproductivos o un patrón cromosómico que no se corresponden con las nociones socialmente establecidas de los cuerpos masculinos o femeninos?:

a) Orientación sexual indefinida.
b) Identidad sexual neutra.

c) Expresión de género abierta.
d) Intersexualidad.

8. Cualquier conducta realizada por razón de alguna de las causas de discriminación previstas en la Ley 4/2023, con el objetivo o la consecuencia de atentar contra la dignidad de una persona o grupo en que se integra y de crear un entorno intimidatorio, hostil, degradante, humillante u ofensivo, es denominada:

a) Acoso discriminatorio.
b) Discriminación por asociación.
c) LGTBIfobia.
d) Discriminación directa.

9. La bifobia es toda actitud, conducta o discurso de rechazo, repudio, prejuicio, discriminación o intolerancia hacia las personas:

a) Homosexuales.
b) Heterosexuales.
c) Transexuales.
d) Bisexuales.

10. ¿Cuál es el órgano de participación ciudadana en materia de derechos y libertades de las personas LGTBI?:

a) La Comisión Paritaria de las Personas LGTBI.
b) El Consejo de Participación de las Personas LGTBI.
c) La Secretaría de Igualdad y contra la Violencia de Género.
d) El Consejo para la liberación LGTBI.

En MADTEST tienes **más preguntas de este tema**, y todos tus avances quedan registrados y se reflejan en el ranking.

¡Supera tus límites con MADTEST!

Solución al test n.º 14

1. b) El artículo 2.

2. d) Ley 4/2023, de 28 de febrero.

3. d) A toda persona física o jurídica, de carácter público o privado, que resida, se encuentre o actúe en territorio español, cualquiera que fuera su nacionalidad, origen racial o étnico, religión, domicilio, residencia, edad, estado civil o situación administrativa, en los términos y con el alcance que se contemplan en esta ley y en el resto del ordenamiento jurídico.

4. c) Protección efectiva y reparación frente a la discriminación y la violencia por LGTBIfobia.

5. b) Garantizar y promover el derecho a la igualdad real y efectiva de las personas lesbianas, gais, trans, bisexuales e intersexuales, así como de sus familias.

6. c) Discriminación indirecta.

7. d) Intersexualidad.

8. a) Acoso discriminatorio.

9. d) Bisexuales.

10. b) El Consejo de Participación de las Personas LGTBI.

TEST N.º 15

La Ley Orgánica 3/2018, de 5 de diciembre, de protección de datos personales: principios de la protección de datos. Los derechos de las personas. Responsable y encargado del tratamiento. La garantía de los derechos digitales. El Reglamento (UE) 2016/679 del Parlamento Europeo y del Consejo, de 27 de abril de 2016: Principios. Derechos del interesado. Información y acceso a los datos personales

1. En virtud de qué principio previsto por el Reglamento General de Protección de Datos, los datos personales serán adecuados, pertinentes y limitados a lo necesario en relación con los fines para los que son tratados:

a) Principio de exactitud.
b) Principio de limitación de la finalidad.
c) Principio de responsabilidad proactiva.
d) Principio de minimización de datos.

2. Según el artículo 5 del Reglamento (UE) 2016/679, de 27 de abril, relativo a la protección de las personas físicas en lo que respecta al tratamiento de datos personales y a la libre circulación de estos datos, los datos personales serán tratados, en relación con el interesado, de manera lícita, leal y:

a) Fiable.
b) Segura.
c) Confidencial.
d) Transparente.

3. Según el Reglamento (UE) 2016/679, de 27 de abril, relativo a la protección de las personas físicas en lo que respecta al tratamiento de datos personales y a la libre circulación de estos datos, para poder considerar que el consentimiento del interesado para el tratamiento de sus datos personales es inequívoco:

a) Se requerirá declaración jurada del interesado donde manifieste su conformidad.
b) Se precisa contrato de cesión de datos personales.
c) Deberá existir una declaración del interesado o una acción positiva que manifieste su conformidad.
d) Bastará con el consentimiento por silencio, casillas ya marcadas o inacción.

4. Cómo denomina el RGPD el tratamiento de datos personales de manera tal que ya no puedan atribuirse a un interesado sin utilizar información adicional, siempre que dicha información adicional figure por separado y esté sujeta a medidas técnicas y organizativas destinadas a garantizar que los datos personales no se atribuyan a una persona física identificada o identificable:

a) Seudonimización.
b) Anonimización.
c) Generalización.
d) Encriptación.

5. Según el artículo 3 de la LO 3/2018, los requisitos y condiciones para acreditar la validez y vigencia de los mandatos e instrucciones de las personas fallecidas respecto al acceso a los datos personales de éstas por parte de las personas o instituciones que designaran expresamente, serán establecidos:

a) Por medio de una Directiva europea.
b) Por Ley estatal.
c) Por Ley autonómica.
d) Por Real Decreto.

6. El artículo 4 de la LO 3/2018 señala que, conforme al artículo 5.1.d) del Reglamento (UE) 2016/679, los datos serán exactos y, si fuere necesario:

a) Actualizados.
b) Aproximados.
c) Normalizados.
d) Digitalizados.

7. Según el artículo 6.2 de la Ley Orgánica 3/2018 de Protección de Datos Personales y garantía de los derechos digitales, cuando se pretenda fundar el tratamiento de los datos en el consentimiento del afectado para una pluralidad de finalidades, será preciso que conste de manera específica e inequívoca que dicho consentimiento se otorga:

a) Por un periodo de tiempo.
b) Irrevocablemente.
c) Para todas ellas.
d) Por interés público.

8. Conforme al principio de limitación de la finalidad, los datos personales serán recogidos con fines determinados, explícitos y:

a) Limitados.
b) Transparentes.
c) Compatibles.
d) Legítimos.

9. Según el artículo 8.1 de la LO 3/2018, el tratamiento de datos personales solo podrá considerarse fundado en el cumplimiento de una obligación legal exigible al responsable:

a) Cuando así lo prevea una norma de Derecho de la Unión Europea o una norma con rango de ley.

b) Cuando el tratamiento se considere una misión realizada en interés público.

c) Cuando se trate del ejercicio de poderes públicos conferidos al responsable.

d) Cuando el responsable sea un órgano u organismo público.

10. Conforme al artículo 9 de la LO 3/2018, de 5 de diciembre, de Protección de Datos Personales y garantía de los derechos digitales, cuál de los siguientes tratamientos de categorías especiales de datos fundados en el Derecho español deberá estar amparado en una norma con rango de ley:

a) El interesado dio su consentimiento explícito para el tratamiento de dichos datos personales con uno o más de los fines especificados.

b) El tratamiento es necesario para el cumplimiento de obligaciones y el ejercicio de derechos específicos del responsable del tratamiento o del interesado en el ámbito del Derecho laboral y de la seguridad y protección social.

c) El tratamiento es necesario para proteger intereses vitales del interesado o de otra persona física, en el supuesto de que el interesado no esté capacitado, física o jurídicamente, para dar su consentimiento.

d) El tratamiento es necesario por razones de interés público en el ámbito de la salud pública, como la protección frente a amenazas transfronterizas graves para la salud, o para garantizar elevados niveles de calidad y de seguridad de la asistencia sanitaria y de los medicamentos o productos sanitarios.

Solución al test n.º 15

1. d) Principio de minimización de datos.

2. d) Transparente.

3. c) Deberá existir una declaración del interesado o una acción positiva que manifieste su conformidad.

4. a) Seudonimización.

5. d) Por Real Decreto.

6. a) Actualizados.

7. c) Para todas ellas.

8. d) Legítimos.

9. a) Cuando así lo prevea una norma de Derecho de la Unión Europea o una norma con rango de ley.

10. d) El tratamiento es necesario por razones de interés público en el ámbito de la salud pública, como la protección frente a amenazas transfronterizas graves para la salud, o para garantizar elevados niveles de calidad y de seguridad de la asistencia sanitaria y de los medicamentos o productos sanitarios.

BLOQUE II

TEST N.º 16

El procedimiento administrativo: concepto. La Ley 39/2015, del Procedimiento Administrativo Común: principios generales. Los derechos del interesado. Las fases del procedimiento administrativo: iniciación, ordenación, instrucción y terminación

1. Los que tuvieren la condición de interesados en un procedimiento administrativo, podrán conocer del estado de la tramitación del mismo:

a) En el trámite de audiencia.
b) En el trámite de información pública.
c) En cualquier momento
d) Solo cuando lo permita el instructor del procedimiento.

2. Las medidas provisionales adoptadas antes de la iniciación del procedimiento administrativo, deberán ser confirmadas, modificadas o levantadas en el acuerdo de iniciación del procedimiento, que deberá efectuarse:

a) Dentro de los quince días siguientes a su adopción, pudiendo ser recurrido.
b) Dentro de los veinte días siguientes a su adopción, pudiendo de ser recurrido.
c) Dentro de los diez días siguientes a su adopción, sin posibilidad de ser recurrido.
d) Dentro de los veinte días siguientes a su adopción, sin posibilidad de ser recurrido.

3. Cuando el acuerdo de iniciación del procedimiento no contenga un pronunciamiento expreso acerca de las medidas provisionales previas, dichas medidas:

a) Se mantendrán, hasta la fase de alegaciones.
b) Se mantendrán, salvo que haya recurso pendiente.
c) Se prorrogaran por quince días.
d) Quedarán sin efecto.

4. Si la solicitud de iniciación del procedimiento administrativo no reúne los requisitos recogidos en la Ley 39/2015 u otros exigidos por la legislación específica aplicable:

a) Se inadmitirá la solicitud presentada por el interesado.
b) Se le dará un plazo de cinco días para que vuelva a presentar la solicitud correctamente.
c) Se le dará un plazo de veinte días para que subsane la falta o acompañe los documentos preceptivos.
d) Se le dará un plazo de diez días para que subsane la falta o acompañe los documentos preceptivos.

5. ¿Suspenderá la tramitación del procedimiento las cuestiones incidentales que se susciten en el mismo?

a) No.
b) Sí.
c) No, salvo las que se refieran a la nulidad de actuaciones.
d) No, incluso las relativas a la recusación no se suspenderán.

6. Señala cuál de las siguientes no podrá adoptarse como medidas provisionales en un procedimiento administrativo:

a) Embargo preventivo de bienes.
b) Inmovilización de cosa mueble.
c) Retirada o intervención de bienes productivos.
d) Suspensión definitiva de actividades.

7. El interesado en el procedimiento administrativo tiene derecho:

a) A formular alegaciones y a utilizar los medios de defensa admitidos por el Ordenamiento Jurídico en cualquier fase del procedimiento.
b) A formular alegaciones, a utilizar los medios de defensa admitidos por el Ordenamiento Jurídico, y a aportar documentos en cualquier fase del procedimiento anterior al trámite de audiencia.
c) A formular alegaciones y a utilizar los medios de defensa admitidos por el Ordenamiento Jurídico en cualquier fase del procedimiento, pero solo podrá aportar documentos con posterioridad al trámite de audiencia.
d) A formular alegaciones y a utilizar los medios de defensa admitidos por el Ordenamiento Jurídico en cualquier fase del procedimiento anterior al dictado de la resolución por la que se pone fin al procedimiento.

8. Contra el acuerdo de acumulación de procedimientos:

a) Cabe recurso de revisión.
b) Cabe recurso extraordinario de revisión.
c) No cabe recurso alguno.
d) Cabe recurso de alzada.

9. Los procedimientos administrativos que no tengan naturaleza sancionadora se podrán iniciar:

a) Por acuerdo del órgano competente o a petición razonada de otros órganos.

b) Por acuerdo del órgano competente, bien por propia iniciativa o como consecuencia de orden superior, a petición razonada de otros órganos o por denuncia.

c) Por denuncia solamente.

d) De oficio siempre.

10. Cuando el procedimiento se iniciara por una denuncia en la que se invocara un perjuicio en el patrimonio de las Administraciones Públicas:

a) La no iniciación del procedimiento deberá ser motivada y se notificará a los denunciantes la decisión de si se ha iniciado o no el procedimiento.

b) La iniciación del procedimiento deberá ser motivada y no se notificará a los denunciantes, si el instructor lo considera oportuno.

c) La no iniciación del procedimiento quedará a la decisión del instructor, sin necesidad de motivarla, salvo a petición del denunciante.

d) La no iniciación del procedimiento nunca deberá ser motivada.

En MADTEST tienes **más preguntas de este tema**, y todos tus avances quedan registrados y se reflejan en el ranking.

¡Supera tus límites con MADTEST!

Solución al test n.º 16

1. c) En cualquier momento.

2. a) Dentro de los quince días siguientes a su adopción, pudiendo ser recurrido.

3. d) Quedarán sin efecto.

4. d) Se le dará un plazo de diez días para que subsane la falta o acompañe los documentos preceptivos.

5. a) No.

6. d) Suspensión definitiva de actividades.

7. b) A formular alegaciones, a utilizar los medios de defensa admitidos por el Ordenamiento Jurídico, y a aportar documentos en cualquier fase del procedimiento anterior al trámite de audiencia.

8. c) No cabe recurso alguno.

9. b) Por acuerdo del órgano competente, bien por propia iniciativa o como consecuencia de orden superior, a petición razonada de otros órganos o por denuncia.

10. a) La no iniciación del procedimiento deberá ser motivada y se notificará a los denunciantes la decisión de si se ha iniciado o no el procedimiento.

TEST N.º 17

El silencio administrativo. Tramitación simplificada del procedimiento administrativo común. Breve referencia a los procedimientos especiales

1. Señale la respuesta incorrecta. La Administración está obligada a dictar resolución expresa en todos los procedimientos y a notificarla cualquiera que sea su forma de iniciación. En los casos de prescripción, renuncia del derecho, caducidad del procedimiento o desistimiento de la solicitud, así como la desaparición sobrevenida del objeto del procedimiento, la resolución consistirá, conforme al artículo 21.1 de la Ley 39/2015, de 1 de octubre, de Procedimiento Administrativo Común de las Administraciones Públicas:

a) En la declaración de la circunstancia que concurra en cada caso.
b) Con indicación de los hechos producidos.
c) Con indicación de las normas aplicables.
d) Con indicación de las pruebas practicadas.

2. La Administración está obligada a dictar resolución expresa en todos los procedimientos y a notificarla cualquiera que sea su forma de iniciación. Se exceptúan de esta obligación, de acuerdo con el artículo 21.1 de la Ley 39/2015, de 1 de octubre, de Procedimiento Administrativo Común de las Administraciones Públicas:

a) Los supuestos de terminación del procedimiento por pacto o convenio.
b) Los procedimientos relativos al ejercicio de derechos sometidos únicamente al deber de declaración responsable o comunicación a la Administración.
c) Los procedimientos sancionadores.
d) Las respuestas a) y b) son correctas.

3. Señala la opción incorrecta conforme al artículo 21.2 de la Ley 39/2015, de 1 de octubre, de Procedimiento Administrativo Común de las Administraciones Públicas. El plazo máximo en el que debe notificarse la resolución expresa será:

a) El fijado por la norma reguladora del correspondiente procedimiento.
b) No podrá exceder de seis meses salvo que una norma con rango de ley establezca uno mayor.
c) No podrá exceder de seis meses salvo que venga previsto en la normativa comunitaria europea.
d) Será de tres meses.

4. De acuerdo con el artículo 21.3.a) de la Ley 39/2015, de 1 de octubre, de Procedimiento Administrativo Común de las Administraciones Públicas, el plazo máximo en el que debe notificarse la resolución expresa se contarán en los procedimientos iniciados de oficio:

a) Desde la fecha del acuerdo de iniciación.

b) Desde la fecha en que la solicitud haya tenido entrada en el registro del órgano competente para su tramitación.

c) Desde la fecha en que la solicitud haya tenido entrada en el registro del órgano receptor de la solicitud.

d) Desde la fecha de notificación del acuerdo de iniciación.

5. El plazo máximo en el que debe notificarse la resolución expresa se contarán en los procedimientos a solicitud del interesado:

a) Desde la fecha del acuerdo de iniciación.

b) Desde la fecha en que la solicitud haya tenido entrada en el registro del órgano competente para su tramitación o desde la fecha en que la solicitud haya tenido entrada en el registro electrónico de la Administración u Organismo competente para su tramitación.

c) Desde la fecha en que la solicitud haya tenido entrada en el registro del órgano receptor de la solicitud.

d) Desde la fecha de notificación del acuerdo de iniciación.

6. En todo caso, las Administraciones Públicas informarán a los interesados del plazo máximo normativamente establecido para la resolución y notificación de los procedimientos, así como de los efectos que pueda producir el silencio administrativo, incluyendo dicha mención en la notificación o publicación del acuerdo de iniciación de oficio, o en comunicación que se les dirigirá al efecto dentro de:

a) Los diez días siguientes a la recepción de la solicitud en el registro del órgano competente para su tramitación.

b) Los diez días siguientes a la recepción de la solicitud en el registro del órgano receptor.

c) Los diez días naturales siguientes a la recepción de la solicitud en el registro del órgano competente para su tramitación o en el registro electrónico de la Administración u Organismo competente para su tramitación.

d) Los diez días naturales siguientes a la recepción de la solicitud en el registro del órgano receptor.

7. Señala la respuesta incorrecta. De acuerdo con el artículo 22 de la Ley 39/2015, de 1 de octubre, de Procedimiento Administrativo Común de las Administraciones Públicas, el transcurso del plazo máximo legal para resolver un procedimiento y notificar la resolución se podrá suspender en los siguientes casos:

a) Cuando deba requerirse a cualquier interesado para la subsanación de deficiencias y la aportación de documentos y otros elementos de juicio necesarios, por el tiempo que medie entre la notificación del requerimiento y su efectivo cumplimiento por el destinatario, o, en su defecto, el transcurso del plazo concedido, todo ello sin perjuicio de lo previsto en el artículo 68 de la Ley 39/2015, de 1 de octubre.

b) Cuando deba obtenerse un pronunciamiento previo y preceptivo de un órgano de la Unión Europea, por el tiempo que medie entre la petición, que habrá de comunicarse a los interesados, y la notificación del pronunciamiento a la Administración instructora, que también deberá serles comunicada.

c) Cuando deban solicitarse informes que sean preceptivos y determinantes del contenido de la resolución a órgano de la misma o distinta Administración, por el tiempo que medie entre la petición, que deberá comunicarse a los interesados, y la recepción del informe, que igualmente deberá ser comunicada a los mismos. Este plazo de suspensión no podrá exceder en ningún caso de tres meses.

d) Cuando los interesados promuevan la recusación en cualquier momento de la tramitación de un procedimiento.

8. Conforme al artículo 24.1 de la Ley 39/2015, de 1 de octubre, de Procedimiento Administrativo Común de las Administraciones Públicas, en los procedimientos iniciados a solicitud del interesado, sin perjuicio de la resolución que la Administración debe dictar, el vencimiento del plazo máximo sin haberse notificado resolución expresa legitima al interesado o interesados que hubieran deducido la solicitud para entenderla:

a) Desestimada por silencio administrativo, excepto en los supuestos en los que una norma con rango de ley por razones imperiosas de interés general o una norma de Derecho de la Unión Europea establezcan lo contrario.

b) Estimada por silencio administrativo, excepto en los supuestos en los que una norma con rango de ley por razones imperiosas de interés general o una norma de Derecho comunitario establezcan lo contrario.

c) Caducada por silencio administrativo, excepto en los supuestos en los que una norma con rango de ley por razones imperiosas de interés general o una norma de la Unión Europea o de Derecho Internacional aplicable en España establezcan lo contrario.

d) Prescrita por silencio administrativo, excepto en los supuestos en los que una norma con rango de ley por razones imperiosas de interés general o una norma de la Unión Europea o de Derecho Internacional aplicable en España establezcan lo contrario.

9. Señala la respuesta incorrecta. Asimismo, de acuerdo con el artículo 24.1.de la Ley 39/2015, de 1 de octubre, de Procedimiento Administrativo Común de las Administraciones Públicas el silencio tendrá efecto desestimatorio en los procedimientos:

a) Relativos al ejercicio del derecho de petición, a que se refiere el artículo 29 de la Constitución,

b) Aquellos cuya estimación tuviera como consecuencia que se transfirieran al solicitante o a terceros facultades relativas al dominio público o al servicio público.

c) Los procedimientos de impugnación de actos y disposiciones.

d) Cuando el recurso de alzada se haya interpuesto contra la desestimación por silencio administrativo de una solicitud por el transcurso del plazo, llegado el plazo de resolución, el órgano administrativo competente no dictase y notificase resolución expresa.

10. La obligación de dictar resolución expresa a que se refiere el apartado primero del artículo 21 de la Ley 39/2015, de 1 de octubre, de Procedimiento Administrativo Común de las Administraciones Públicas, se sujetará al siguiente régimen:

a) En los casos de estimación por silencio administrativo, la resolución expresa posterior a la producción del acto se adoptará por la Administración sin vinculación alguna al sentido del silencio.

b) En los casos de desestimación por silencio administrativo, la resolución expresa posterior al vencimiento del plazo solo podrá dictarse de ser confirmatoria del mismo.

c) En los casos de desestimación por silencio administrativo, la resolución expresa posterior al vencimiento del plazo se adoptará por la Administración sin vinculación alguna al sentido del silencio.

d) Prescrita por silencio administrativo, excepto en los supuestos en los que una norma con rango de ley por razones imperiosas de interés general o una norma de la Unión Europea o de Derecho Internacional aplicable en España establezcan lo contrario.

En MADTEST tienes **más preguntas de este tema**, y todos tus avances quedan registrados y se reflejan en el ranking.

¡Supera tus límites con MADTEST!

Solución al test n.º 17

1. d) Con indicación de las pruebas practicadas.

2. d) Las respuestas a) y b) son correctas.

3. d) Será de tres meses.

4. a) Desde la fecha del acuerdo de iniciación.

5. b) Desde la fecha en que la solicitud haya tenido entrada en el registro del órgano competente para su tramitación o desde la fecha en que la solicitud haya tenido entrada en el registro electrónico de la Administración u Organismo competente para su tramitación.

6. a) Los diez días siguientes a la recepción de la solicitud en el registro del órgano competente para su tramitación.

7. d) Cuando los interesados promuevan la recusación en cualquier momento de la tramitación de un procedimiento.

8. b) Estimada por silencio administrativo, excepto en los supuestos en los que una norma con rango de ley por razones imperiosas de interés general o una norma de Derecho comunitario establezcan lo contrario.

9. d) Cuando el recurso de alzada se haya interpuesto contra la desestimación por silencio administrativo de una solicitud por el transcurso del plazo, llegado el plazo de resolución, el órgano administrativo competente no dictase y notificase resolución expresa.

10. c) En los casos de desestimación por silencio administrativo, la resolución expresa posterior al vencimiento del plazo se adoptará por la Administración sin vinculación alguna al sentido del silencio.

TEST N.º 18

El acto administrativo: concepto, elementos y clases. Motivación. Notificación y publicación

1. Señala la respuesta incorrecta. Según el artículo 35 de la Ley 39/2015, de 1 de octubre, de Procedimiento Administrativo Común de las Administraciones Públicas, serán motivados, con sucinta referencia de hechos y fundamentos de Derecho:

a) Los actos que limiten derechos subjetivos o intereses legítimos.

b) Los actos que resuelvan procedimientos de revisión de oficio de disposiciones o actos administrativos, recursos administrativos, reclamaciones previas a la vía judicial y procedimientos de arbitraje.

c) Los actos que se separen del criterio seguido en actuaciones precedentes o del dictamen de órganos consultivos.

d) Los actos declarativos de derechos.

2. En relación con las notificaciones en papel, de acuerdo con lo dispuesto en el artículo 42 de la Ley 39/2015, de 1 de octubre, de Procedimiento Administrativo Común de las Administraciones Públicas de los actos administrativos, señala la respuesta incorrecta:

a) Se notificarán a los interesados las resoluciones y actos administrativos que afecten a sus derechos e intereses.

b) Toda notificación deberá ser cursada dentro del plazo de diez días a partir de la fecha en que el acto haya sido dictado.

c) En los procedimientos iniciados a solicitud del interesado, la notificación se practicará en el domicilio del interesado. Cuando ello no fuera posible, en cualquier lugar adecuado a tal fin.

d) Cuando la notificación se practique en el domicilio del interesado, de no hallarse presente este en el momento de entregarse la notificación podrá hacerse cargo de la misma cualquier persona mayor de 14 años que se encuentre en el domicilio y haga constar su identidad.

3. Conforme al artículo 45 de la Ley 39/2015, de 1 de octubre, de Procedimiento Administrativo Común de las Administraciones Públicas, la publicación sustituirá a la notificación surtiendo sus mismos efectos en los siguientes casos:

a) Cuando el acto tenga por destinatario a una persona jurídica.

b) Cuando la Administración estime que la notificación efectuada a un solo interesado es insuficiente para garantizar la notificación a todos, siendo, en este último caso, adicional a la notificación efectuada.

c) En los procedimientos iniciados a solicitud del interesado.

d) Cuando la notificación se practique en el domicilio del interesado.

4. En relación con la forma de los actos administrativos, señala la respuesta incorrecta:

a) Los actos administrativos se producirán por escrito a través de medios electrónicos, a menos que su naturaleza exija otra forma más adecuada de expresión y constancia.

b) En los casos en que los órganos administrativos ejerzan su competencia de forma verbal, la constancia escrita del acto, cuando sea necesaria, se efectuará y firmará por el titular del órgano superior, expresando en la comunicación del mismo la autoridad de la que procede.

c) Si se tratara de resoluciones, el titular de la competencia deberá autorizar una relación de las que haya dictado de forma verbal, con expresión de su contenido.

d) Cuando deba dictarse una serie de actos administrativos de la misma naturaleza, tales como nombramientos, concesiones o licencias, podrán refundirse en un único acto.

5. De todas las resoluciones citadas a continuación, ¿cuáles de ellas no necesitarán ser motivadas?

a) Las que sigan el criterio seguido en actuaciones precedentes.

b) Los acuerdos de suspensión de actos.

c) Las que se dicten en el ejercicio de potestades discrecionales.

d) Las que resuelvan los recursos.

6. Las notificaciones administrativas por medios electrónicos requerirán para su validez:

a) El señalamiento explícito de dicho medio de notificación en el momento de iniciación del procedimiento.

b) El establecimiento de este sistema por medio de una norma de rango legal.

c) El acceso a su contenido, momento a partir del cual la notificación se entenderá practicada a todos los efectos legales.

d) El establecimiento de este sistema por medio de una norma de rango reglamentario.

7. Por regla general una notificación electrónica se entenderá rechazada con los efectos previstos en el artículo 43.2 de la Ley 39/2015, de 1 de octubre, del Procedimiento Administrativo Común de las Administraciones Públicas, cuando teniendo constancia de la puesta a disposición transcurran:

a) Diez días hábiles sin que se acceda a su contenido.

b) Diez días naturales desde que se accedió al contenido sin existir respuesta.

c) Diez días naturales sin que se acceda al contenido.

d) Quince días hábiles desde que se accedió al contenido sin existir respuesta.

8. Señala cuál de las siguientes afirmaciones es falsa conforme a la Ley 39/2015, de 1 de octubre:

a) Las resoluciones administrativas de carácter particular no podrán vulnerar lo establecido en una disposición de carácter general, aunque aquellas procedan de un órgano de igual jerarquía al que dictó la disposición general.

b) Toda notificación deberá ser cursada dentro del plazo de quince días a partir de la fecha en que el acto haya sido dictado.

c) Los actos administrativos se producirán por escrito a través de medios electrónicos, a menos que su naturaleza exija otra forma más adecuada de expresión y constancia.

d) Las resoluciones administrativas de carácter particular no podrán vulnerar lo establecido en una disposición de carácter general, aunque aquellas procedan de un órgano de superior jerarquía al que dictó la disposición general.

9. Cuando los actos administrativos limiten derechos subjetivos o intereses legítimos:

a) No tendrán que ser motivados si no ponen fin al procedimiento.

b) Solo serán motivados si no se dictan en el ejercicio de potestades administrativas.

c) Tendrán que ser motivados, con sucinta referencia de hechos y fundamentos de derechos.

d) Tendrán efectos retroactivos.

10. Según establece el artículo 40 de la Ley 39/2015, de 1 de octubre, de Procedimiento Administrativo Común de las Administraciones Públicas, toda notificación deberá ser cursada:

a) Dentro del plazo de 10 días a partir de la fecha en que el acto haya sido dictado.

b) Dentro del plazo de 15 días a partir de la fecha en que el acto haya sido dictado.

c) Dentro del plazo de 1 mes a partir de la fecha en que el acto haya sido dictado.

d) Dentro del plazo de tres meses a partir de la fecha en que el acto haya sido dictado.

Solución al test n.º 18

1. d) Los actos declarativos de derechos.

2. c) En los procedimientos iniciados a solicitud del interesado, la notificación se practicará en el domicilio del interesado. Cuando ello no fuera posible, en cualquier lugar adecuado a tal fin.

3. b) Cuando la Administración estime que la notificación efectuada a un solo interesado es insuficiente para garantizar la notificación a todos, siendo, en este último caso, adicional a la notificación efectuada.

4. b) En los casos en que los órganos administrativos ejerzan su competencia de forma verbal, la constancia escrita del acto, cuando sea necesaria, se efectuará y firmará por el titular del órgano superior, expresando en la comunicación del mismo la autoridad de la que procede.

5. a) Las que sigan el criterio seguido en actuaciones precedentes.

6. c) El acceso a su contenido, momento a partir del cual la notificación se entenderá practicada a todos los efectos legales.

7. c) Diez días naturales sin que se acceda al contenido.

8. b) Toda notificación deberá ser cursada dentro del plazo de quince días a partir de la fecha en que el acto haya sido dictado.

9. c) Tendrán que ser motivados, con sucinta referencia de hechos y fundamentos de derechos.

10. a) Dentro del plazo de 10 días a partir de la fecha en que el acto haya sido dictado.

TEST N.º 19

Validez y eficacia de los actos administrativos. Ejecución de los actos administrativos. Nulidad y anulabilidad. Convalidación, conservación y conversión

1. De acuerdo con el artículo 39 de la Ley 39/2015, de 1 de octubre, de Procedimiento Administrativo Común de las Administraciones Públicas, con carácter general, los actos de las Administraciones Públicas sujetos al Derecho Administrativo se presumirán válidos y producirán efectos desde:

a) La fecha en que se dicten, salvo que en ellos se disponga otra cosa.
b) Su notificación.
c) Su publicación.
d) La aprobación superior.

2. De acuerdo con el artículo 47 de la Ley 39/2015, de 1 de octubre, de Procedimiento Administrativo Común de las Administraciones Públicas, los actos de las Administraciones Públicas son nulos de pleno derecho en los casos siguientes:

a) Los actos de la Administración que incurran en cualquier infracción del ordenamiento jurídico.
b) Los actos dictados por órgano manifiestamente incompetente por razón de la jerarquía.
c) Los actos que tengan un contenido imposible.
d) Los actos de la Administración que incurran en desviación de poder.

3. Son anulables, de acuerdo con el artículo 48.1 de la Ley 39/2015, de 1 de octubre, de Procedimiento Administrativo Común de las Administraciones Públicas:

a) Los actos de la Administración que incurran en cualquier infracción del ordenamiento jurídico, incluso la desviación de poder.
b) Los actos dictados prescindiendo total y absolutamente del procedimiento legalmente establecido o de las normas que contienen las reglas esenciales para la formación de la voluntad de los órganos colegiados.

c) Los actos expresos o presuntos contrarios al ordenamiento jurídico por los que se adquieren facultades o derechos cuando se carezca de los requisitos esenciales para su adquisición.

d) Los actos dictados por órgano manifiestamente incompetente por razón de la materia.

4. Conforme con el artículo 48.2 de la Ley 39/2015, de 1 de octubre, de Procedimiento Administrativo Común de las Administraciones Públicas, el defecto de forma de los actos de las Administraciones Públicas solo determinará la anulabilidad:

a) Siempre.

b) Nunca.

c) Cuando el acto carezca de los requisitos formales, dando lugar a la indefensión de los interesados.

d) Cuando el acto administrativo se notifique fuera de plazo, no siendo esencial el término o plazo.

5. La Administración podrá convalidar los actos anulables, subsanando los vicios de que adolezcan. Si el vicio consistiera en incompetencia no determinante de nulidad, la convalidación podrá realizarse, de conformidad con el artículo 52.3 de la Ley 39/2015, de 1 de octubre, de Procedimiento Administrativo Común de las Administraciones Públicas, por:

a) El órgano competente cuando sea inferior jerárquico del que dictó el acto viciado.

b) El órgano competente cuando sea superior jerárquico del que dictó el acto viciado.

c) El órgano competente por razón de la materia.

d) El órgano competente por razón del territorio.

6. Son actos anulables de acuerdo con el artículo 48 de la Ley 39/2015, de 1 de octubre, de Procedimiento Administrativo Común de las Administraciones Públicas:

a) Los de contenido imposible.

b) Los que carezcan de los requisitos formales indispensables para alcanzar su fin.

c) Los dictados prescindiendo total y absolutamente de los procedimientos legalmente establecidos para ellos.

d) Los dictados prescindiendo total y absolutamente del procedimiento establecido por las normas que contienen las reglas esenciales para la formación de la voluntad de los órganos colegiados.

7. ¿En qué casos un defecto de forma determinará la anulabilidad del acto?

a) Cuando carezcan de los requisitos formales indispensables para alcanzar su fin o dé lugar a indefensión.

b) Cuando sean insubsanables.

c) Solo en los casos en los que se dé lugar a indefensión.

d) Solo cuando carezcan de los requisitos formales indispensables.

8. Señala la respuesta incorrecta. Cuando una Administración Pública tenga que dictar, en el ámbito de sus competencias, un acto que necesariamente tenga por base otro dictado por una Administración Pública distinta y aquella entienda que es ilegal:

a) Podrá requerir a la otra Administración previamente para que anule o revise el acto de acuerdo con lo dispuesto en el artículo 44 de la Ley 29/1998, de 13 de julio, reguladora de la Jurisdicción Contencioso-Administrativa.

b) Realizado el requerimiento y al ser rechazado este, podrá interponer recurso contencioso-administrativo.

c) Realizado el requerimiento y al ser rechazado este, podrá interponer recurso de revisión.

d) En estos casos, quedará suspendido el procedimiento para dictar resolución.

9. ¿Cuál de los siguientes actos es susceptible de convalidación por parte de la Administración subsanando los vicios de que adolezcan?

a) El dictado por órgano manifiestamente incompetente por razón de la materia.

b) El dictado prescindiendo total y absolutamente de las normas que contienen las reglas esenciales para la formación de la voluntad de los órganos colegiados.

c) El dictado por órgano incompetente en razón de su jerarquía.

d) El dictado por órgano manifiestamente incompetente por razón del territorio.

10. Como norma general, los actos administrativos serán válidos y producirán efectos salvo que, en ellos, se disponga otra cosa:

a) Los 20 días de dictarse el acto.

b) Desde que se aprueben por el superior jerárquico.

c) Desde la publicación en el Boletín correspondiente.

d) Desde que se dicten.

Solución al test n.º 19

1. a) La fecha en que se dicten, salvo que en ellos se disponga otra cosa.

2. c) Los actos que tengan un contenido imposible.

3. a) Los actos de la Administración que incurran en cualquier infracción del ordenamiento jurídico, incluso la desviación de poder.

4. c) Cuando el acto carezca de los requisitos formales, dando lugar a la indefensión de los interesados.

5. b) El órgano competente cuando sea superior jerárquico del que dictó el acto viciado.

6. b) Los que carezcan de los requisitos formales indispensables para alcanzar su fin.

7. a) Cuando carezcan de los requisitos formales indispensables para alcanzar su fin o dé lugar a indefensión.

8. c) Realizado el requerimiento y al ser rechazado este, podrá interponer recurso de revisión.

9. c) El dictado por órgano incompetente en razón de su jerarquía.

10. d) Desde que se dicten.

TEST N.º 20

Revisión de los actos administrativos. Revisión de oficio. Los recursos administrativos: principios generales. Breve referencia a los tipos de recursos

1. La revisión de las disposiciones dictadas por las Administraciones Públicas en vía administrativa supone:

a) La anulabilidad de los actos y disposiciones siempre que no hayan sido recurridos en plazo.

b) La estimación de las reclamaciones efectuadas por los particulares cuando haya transcurrido el plazo sin que se hubiera dictado la resolución correspondiente.

c) La declaración de oficio de la nulidad de los actos administrativos que pongan fin a la vía administrativa.

d) La posibilidad de que la nulidad de los actos administrativos sea declarada mediante dictamen del Consejo de Estado u órgano consultivo equivalente de la Comunidad Autónoma.

2. Transcurridos seis meses desde que la Administración inició de oficio el procedimiento de revisión de una disposición administrativa o un acto nulo, sin dictarse resolución, se producirá:

a) La prescripción del derecho del interesado a reclamar.

b) La nulidad *ipso iure* de la disposición o acto.

c) La desestimación de la pretensión ejercitada en el mismo.

d) La caducidad del procedimiento.

3. En los procedimientos de revisión de disposiciones administrativas y actos nulos, no será preceptiva la intervención del Consejo de Estado u órgano equivalente de la Comunidad Autónoma:

a) Cuando la nulidad sea declarada de oficio pero a instancias de interesado.

b) Para acordar motivadamente la inadmisión a trámite de las solicitudes formuladas por los interesados, siempre que no se basen en una nulidad de pleno derecho.

c) En los supuestos en que la nulidad dimane de una vulneración de normas de rango superior.

d) Para acordar motivadamente la inadmisión a trámite de las solicitudes formuladas por los interesados en cualquier caso.

4. Cuando una disposición administrativa haya sido declarada nula, el particular afectado por el acto en cuestión:

a) Tendrá derecho a ser indemnizado, siempre que el daño causado sea efectivo, evaluable, individualizado y no hubiera tenido el deber jurídico de soportarlo.

b) Será indemnizado, si en la resolución que así lo declare se reconoce ese derecho.

c) No será indemnizado en ningún caso, pues subsisten las consecuencias de los actos firmes dictados en aplicación de la misma.

d) Deberá ser indemnizado en todo caso y por el simple hecho de la declaración de nulidad, pues al serle aplicada una norma manifiestamente ilegal, el perjuicio o daño se presume.

5. El plazo para declarar de oficio la nulidad de los actos administrativos que hayan puesto fin a la vía administrativa o que no hayan sido recurridos en su momento oportuno, es:

a) De seis meses.

b) De cuatro años.

c) De cuatro años para los que no hayan sido recurridos en plazo e indefinidamente para los que pongan fin a la vía administrativa.

d) *Sine die*, es decir, no existe plazo alguno para ello.

6. La declaración de lesividad de los actos administrativos favorables a los interesados:

a) Supone la nulidad automática de los mismos, sin necesidad de recabar dictamen del Consejo de Estado u órgano consultivo equivalente de la Comunidad Autónoma.

b) Reconoce el derecho de los particulares a ser indemnizados como consecuencia de los daños y perjuicios que les haya causado la aplicación de los actos declarados nulos.

c) Permite a las Administraciones Públicas impugnar ante la Jurisdicción Contencioso-Administrativa dichos actos.

d) Es la Resolución por la que se declara la anulabilidad de los mismos.

7. Los actos administrativos con defectos de forma pero con los requisitos formales indispensables para alcanzar su fin, sin causar indefensión de los interesados:

a) Serán declarados lesivos para el interés público si ha beneficiado al interesado o interesados.

b) Son anulables, previa declaración de lesividad y el dictamen favorable del Consejo de Estado u órgano consultivo equivalente de la Comunidad Autónoma.

c) Son nulos de pleno derecho.

d) No son anulables, por lo general.

8. La lesividad de un acto administrativo podrá declararse:

a) A los cuatro años desde su dictado.
b) Antes de los seis meses desde que se dictó.
c) Cuatro años después de conocido el vicio que lo invalida.
d) En cualquier momento.

9. El transcurso del plazo previsto para la resolución del procedimiento en el que se declare la lesividad del acto, sin haberse acordado la misma, supone:

a) La anulabilidad del acto administrativo.
b) La nulidad del acto administrativo.
c) La firmeza del acto administrativo.
d) La caducidad del procedimiento administrativo.

10. La competencia para declarar la lesividad de un acto emanado de una entidad de las que integran la Administración Local corresponde:

a) Al Alcalde de la Corporación.
b) Al Pleno de la Corporación.
c) Al órgano individual superior de la Corporación.
d) Al Consejo de Estado u órgano consultivo equivalente de la Comunidad Autónoma.

En MADTEST tienes **más preguntas de este tema**, y todos tus avances quedan registrados y se reflejan en el ranking.

¡Supera tus límites con MADTEST!

Solución al test n.º 20

1. c) La declaración de oficio de la nulidad de los actos administrativos que pongan fin a la vía administrativa.

2. d) La caducidad del procedimiento.

3. b) Para acordar motivadamente la inadmisión a trámite de las solicitudes formuladas por los interesados, siempre que no se basen en una nulidad de pleno derecho.

4. a) Tendrá derecho a ser indemnizado, siempre que el daño causado sea efectivo, evaluable, individualizado y no hubiera tenido el deber jurídico de soportarlo.

5. d) Sine die, es decir, no existe plazo alguno para ello.

6. c) Permite a las Administraciones Públicas impugnar ante la Jurisdicción Contencioso Administrativa dichos actos.

7. d) No son anulables, por lo general.

8. a) A los cuatro años desde su dictado.

9. d) La caducidad del procedimiento administrativo.

10. b) Al Pleno de la Corporación.

TEST N.º 21

Especialidades del procedimiento administrativo local. El registro de entrada y salida de documentos. Ordenanzas, reglamentos y bandos. Procedimiento de aprobación

1. El procedimiento administrativo local presenta:

a) Muy pocas peculiaridades con respecto al procedimiento administrativo común.
b) Muchas peculiaridades con respecto al procedimiento administrativo común.
c) Ninguna peculiaridad con respecto al procedimiento administrativo común.
d) Es un procedimiento distinto y autónomo respecto al procedimiento administrativo común.

2. En materia de procedimiento administrativo el Reglamento de Organización, Funcionamiento y Régimen Jurídico de las Entidades Locales (ROFRJEL) se remite continuamente a:

a) Ley 39/2015, de 1 de noviembre, del Procedimiento Administrativo Común de las Administraciones Públicas.
b) La Ley de Procedimiento Administrativo Común.
c) Ley 30/1992, de 26 de noviembre, de Régimen Jurídico de las Administraciones Públicas y del Procedimiento Administrativo Común.
d) Ley 40/2015, de 1 de octubre, de régimen jurídico del sector público.

3. La iniciación del procedimiento administrativo local puede producirse:

a) De tres formas.
b) De oficio, cuando se promueve para resolver pretensiones deducidas por los particulares.
c) A instancia de parte.
d) De cuatro formas.

4. Son actos de instrucción:

a) Las alegaciones.
b) La resolución.
c) La prueba.
d) Las respuestas a) y c) son correctas.

5. De acuerdo con el ROFRJEL, en los expedientes informará:

a) El Letrado Jefe de la Asesoría Jurídica.
b) El Secretario municipal.

c) El Jefe de la Dependencia a la que corresponda tramitarlos.
d) El Jefe del Negociado.

6. Los informes para resolver los expedientes:

a) Se redactarán en forma de propuesta de resolución.
b) Contendrán la resolución.
c) Contendrán los pronunciamientos que haya de contener la parte dispositiva.
d) Las respuestas a) y c) son correctas.

7. En los municipios de gran población corresponderá al secretario general del Pleno el asesoramiento legal al Pleno y a las comisiones con carácter preceptivo:

a) Cuando lo solicite un tercio de los miembros de la Corporación.
b) Siempre que se trate de asuntos sobre materias para las que se exija una mayoría simple.
c) Cuando así lo ordene el Teniente de Alcalde.
d) Cuando lo soliciten un cuarto de los miembros de la Corporación.

8. La audiencia del interesado:

a) Es un trámite obligatorio.
b) Es un trámite voluntario.
c) No se puede considerar trámite.
d) No se sujeta a plazo.

9. No es una forma de terminación del procedimiento:

a) El archivo.
b) La declaración de caducidad.
c) El desistimiento.
d) La resolución.

10. El Registro General permanecerá abierto al público:

a) Todos los días naturales.
b) Todos los días hábiles.
c) Todos los días incluidos los fines de semana.
d) Los días alternos.

En MADTEST tienes **más preguntas de este tema**, y todos tus avances quedan registrados y se reflejan en el ranking.

¡Supera tus límites con MADTEST!

Solución al test n.º 21

1. a) Muy pocas peculiaridades con respecto al procedimiento administrativo común.

2. b) Ley de Procedimiento Administrativo Común.

3. c) A instancia de parte.

4. d) Las respuestas a) y c) son correctas.

5. c) El Jefe de la Dependencia a la que corresponda tramitarlos.

6. d) Las respuestas a) y c) son correctas.

7. a) Cuando lo solicite un tercio de los miembros de la Corporación.

8. a) Es un trámite obligatorio.

9. a) El archivo.

10. b) Todos los días hábiles.

TEST N.º 22

Formas de la acción administrativa, con especial referencia a la Administración local. La actividad de fomento. La actividad de policía: las licencias. El servicio público local y sus formas de gestión

1. Las Entidades Locales podrán intervenir la actividad de los ciudadanos a través de los siguientes medios:

a) Sometimiento a comunicación previa o a declaración responsable.

b) Órdenes individuales constitutivas de mandato para la ejecución de un acto o la prohibición del mismo.

c) Sometimiento a previa licencia y otros actos de control preventivo.

d) Todas son correctas.

2. Podrá exigirse una licencia u otro medio de control preventivo respecto a aquellas actividades económicas:

a) Cuando esté justificado por razones de orden público.

b) Cuando esté justificado por razones de seguridad nacional.

c) Cuando esté justificado por razones de salud pública.

d) Las respuestas a) y c) son correctas.

3. Se entenderá por declaración responsable:

a) Aquel documento mediante el que los interesados ponen en conocimiento de la Administración Pública competente sus datos identificativos o cualquier otro dato relevante para el inicio de una actividad o el ejercicio de un derecho.

b) El documento suscrito por un interesado en el que este manifiesta, bajo su responsabilidad, que cumple con los requisitos establecidos en la normativa vigente para obtener el reconocimiento de un derecho o facultad o para su ejercicio.

c) El documento suscrito por un interesado en el que este manifiesta, bajo su responsabilidad, que ha adquirido todos los derechos necesarios para el ejercicio de una actividad.

d) El documento suscrito por un interesado en el que este manifiesta, bajo su responsabilidad, que ya ha pasado todos los controles exigidos en la normativa para el ejercicio de una actividad.

4. Determinará la imposibilidad de continuar con el ejercicio del derecho o actividad afectada por una declaración responsable desde el momento en que se tenga constancia de:

a) La inexactitud, falsedad u omisión de cualquier dato o información.
b) La inexactitud, de carácter esencial, de cualquier dato o información.
c) La omisión de cualquier dato o información de carácter esencial.
d) Las respuestas b) y c) son correctas.

5. No serán transmisibles:

a) Las licencias relativas a las condiciones de una obra.
b) Las licencias concernientes al ejercicio de actividades sobre bienes de dominio público.
c) Las licencias relativas a las condiciones de una instalación.
d) Las licencias cuando el número de las otorgables fuere limitado.

6. Las solicitudes de licencias municipales, según establece el artículo 9 del Reglamento de Servicios de Corporaciones Locales:

a) Deberá acompañarse proyecto técnico con ejemplares para cada uno de los organismos que hubieren de informar la petición, si se refieren al ejercicio de actividades.
b) Se presentarán en el Registro General del Estado.
c) Se presentarán por triplicado.
d) Deberá acompañarse proyecto técnico con ejemplares para cada uno de los organismos que hubieren de informar la petición, si se refieren a ejecución de obras o instalaciones.

7. En relación con los organismos autónomos locales, establece el artículo 85 bis de la Ley 7/1985:

a) El titular del máximo órgano de dirección de los mismos deberá ser un funcionario de carrera o laboral de las Administraciones Públicas.
b) Su creación, modificación, refundición y supresión corresponderá a la Junta de Gobierno de la Entidad Local.
c) Deberá existir un consejo de orden consultivo.
d) Su inventario de bienes y derechos se remitirá mensualmente a la concejalía, área u órgano equivalente de la Entidad Local.

8. La Ley de Bases de Régimen Local no recoge la declaración de reserva en favor de las Entidades Locales del siguiente servicio:

a) Aprovechamiento de residuos.
b) Matadero.
c) Abastecimiento domiciliario y depuración de aguas.
d) Transporte público de viajeros.

9. El derecho a ser indemnizados por toda lesión que sufran en sus bienes y derechos como consecuencia del funcionamiento normal o anormal de los servicios públicos se reconoce a:

a) Los particulares.
b) Las personas jurídicas.
c) Los ciudadanos.
d) Las Administraciones.

10. ¿Cómo ha de ser el daño alegado en las reclamaciones de responsabilidad patrimonial?

a) Efectivo, evaluable económicamente e individualizado con relación con una persona o grupo de personas.
b) Directo y resarcible.
c) Susceptible de valoración y demostrable.
d) Debe producir consecuencias negativas en la actividad de la persona dañada.

En MADTEST tienes **más preguntas de este tema**, y todos tus avances quedan registrados y se reflejan en el ranking.

¡Supera tus límites con MADTEST!

Solución al test n.º 22

1. d) Todas son correctas.

2. d) Las respuestas a) y c) son correctas.

3. b) El documento suscrito por un interesado en el que este manifiesta, bajo su responsabilidad, que cumple con los requisitos establecidos en la normativa vigente para obtener el reconocimiento de un derecho o facultad o para su ejercicio (ver apartado 3.4).

4. d) Las respuestas b) y c) son correctas.

5. d) Las licencias cuando el número de las otorgables fuere limitado.

6. d) Deberá acompañarse proyecto técnico con ejemplares para cada uno de los organismos que hubieren de informar la petición, si se refieren a ejecución de obras o instalaciones.

7. a) El titular del máximo órgano de dirección de los mismos deberá ser un funcionario de carrera o laboral de las Administraciones Públicas.

8. b) Matadero.

9. a) Los particulares.

10. a) Efectivo, evaluable económicamente e individualizado con relación con una persona o grupo de personas.

TEST N.º 23

La responsabilidad de las administraciones públicas. Responsabilidad patrimonial. Responsabilidad de las autoridades y del personal al servicio de las administraciones públicas

1. Los particulares tendrán derecho a ser indemnizados por las Administraciones Públicas correspondientes, de toda lesión que sufran en cualquiera de sus bienes y derechos, siempre que la lesión sea consecuencia:

a) De sucesos que no hubieran podido preverse, o que, previstos, fueran inevitables.
b) De casos de fuerza mayor.
c) De daños que el particular tenga el deber jurídico de soportar de acuerdo con la ley.
d) Del funcionamiento normal o anormal de los servicios públicos.

2. La sentencia que declare la inconstitucionalidad de la norma con rango de ley producirá efectos:

a) Desde la fecha de notificación a las partes.
b) Desde la fecha de su publicación en el Boletín Oficial de la Comunidad Autónoma correspondiente.
c) Desde la fecha de su publicación en el Boletín Oficial del Estado.
d) Desde que se dicte.

3. En el caso de indemnizaciones que proceda abonar cuando el Tribunal Constitucional haya declarado, a instancia de parte interesada, la existencia de un funcionamiento anormal en la tramitación de los recursos de amparo o de las cuestiones de inconstitucionalidad, el procedimiento para fijar el importe de las indemnizaciones se tramitará por el Ministerio correspondiente, con audiencia:

a) Del Tribunal de Cuentas.
b) Del Tribunal de Constitucional.
c) Del Consejo Económico y Social.
d) Del Consejo de Estado.

4. En los supuestos de procedimientos en materia de responsabilidad patrimonial en los que exista una responsabilidad concurrente de varias Administraciones Públicas, la Administración Pública competente deberá consultar a las restantes Administraciones implicadas para que puedan exponer cuanto consideren procedente, en un plazo de:

a) Un mes.
b) Tres meses.
c) Quince días.
d) Diez días.

5. ¿Cuándo podrá sustituirse la indemnización procedente, en el procedimiento de responsabilidad patrimonial de las Administraciones Públicas, por una compensación en especie?

a) Cuando resulte más adecuado para lograr la reparación debida y convenga al interés público, siempre que así lo determine la Administración.
b) Cuando resulte más adecuado para lograr la reparación debida y convenga al interés público, siempre que exista acuerdo con el interesado.
c) Cuando resulte más adecuado para el interés público, siempre que lo autorice el Ministerio correspondiente.
d) En ningún caso podrá sustituirse por compensación en especie.

6. La Administración correspondiente, cuando hubiere indemnizado a los lesionados, exigirá de oficio en vía administrativa de sus autoridades y demás personal a su servicio la responsabilidad en que hubieran incurrido:

a) Por cualquier hecho en el ejercicio de sus funciones.
b) Por omisión inconsciente.
c) Por cualquier negligencia.
d) Por dolo, o culpa o negligencia graves.

7. En los procedimientos para la exigencia de la responsabilidad patrimonial de las autoridades y personal al servicio de las Administraciones Públicas, el acuerdo de iniciación del órgano competente se notificará a los interesados y en él deberá constar, entre otros:

a) Que podrán realizar alegaciones durante un plazo de quince días.
b) Que podrán realizar alegaciones durante un plazo de diez días.
c) Que podrán realizar alegaciones durante un plazo de veinte días.
d) Que podrán realizar alegaciones durante un plazo de cinco días.

8. Señala la respuesta incorrecta. En los procedimientos de responsabilidad patrimonial de las Administraciones Públicas, el daño alegado habrá de ser:

a) Efectivo.
b) Evaluable económicamente.

c) Individualizado con relación a una persona o grupo de personas.

d) Determinado en su conjunto cuando sea en relación con un grupo de personas.

9. En los procedimientos para la exigencia de la responsabilidad patrimonial de las autoridades y personal al servicio de las Administraciones Públicas, el acuerdo de iniciación del órgano competente se notificará a los interesados y en él deberá constar, entre otros:

a) Que la práctica de las pruebas admitidas y cualesquiera otras que el órgano competente estime oportunas se realizarán durante un plazo de veinte días.

b) Que la práctica de las pruebas admitidas y cualesquiera otras que el interesado estime oportunas se realizarán durante un plazo de diez días.

c) Que la práctica de las pruebas admitidas y cualesquiera otras que el órgano competente estime oportunas se realizarán durante un plazo de quince días.

d) Que la práctica de las pruebas admitidas y cualesquiera otras que el interesado estime oportunas se realizarán durante un plazo de cinco días.

10. La anulación en vía administrativa o por el orden jurisdiccional contencioso administrativo de los actos o disposiciones administrativas:

a) No presupone, por sí misma, la imposición de sanción.

b) Presupone, por sí misma, derecho a la indemnización.

c) No presupone, por sí misma, derecho a la indemnización.

d) Presupone, por sí misma, la imposición de sanción.

En MADTEST tienes **más preguntas de este tema**, y todos tus avances quedan registrados y se reflejan en el ranking.

¡Supera tus límites con MADTEST!

Solución al test n.º 23

1. d) Del funcionamiento normal o anormal de los servicios públicos.

2. c) Desde la fecha de su publicación en el Boletín Oficial del Estado.

3. d) Del Consejo de Estado.

4. c) Quince días.

5. b) Cuando resulte más adecuado para lograr la reparación debida y convenga al interés público, siempre que exista acuerdo con el interesado.

6. d) Por dolo, o culpa o negligencia graves.

7. a) Que podrán realizar alegaciones durante un plazo de quince días.

8. d) Determinado en su conjunto cuando sea en relación con un grupo de personas.

9. c) Que la práctica de las pruebas admitidas y cualesquiera otras que el órgano competente estime oportunas se realizarán durante un plazo de quince días.

10. c) No presupone, por sí misma, derecho a la indemnización.

TEST N.º 24

Los contratos de la administración: concepto. Normativa reguladora. Tipo y modalidades de contratos administrativos

1. La contratación administrativa en el sector público viene regulada por:

a) La Ley 9/2017, de 8 de noviembre.
b) La Ley 6/2017, de 24 de octubre.
c) La Ley 3/2017, de 27 de junio.
d) La Ley 4/2017, de 25 de septiembre.

2. Están incluidos en el ámbito de la Ley de Contratos del Sector Público:

a) La relación de servicio de los funcionarios públicos y los contratos regulados en la legislación laboral.
b) Las relaciones jurídicas consistentes en la prestación de un servicio público cuya utilización por los usuarios requiera el abono de una tarifa, tasa o precio público de aplicación general.
c) Los contratos relativos a servicios de arbitraje y conciliación.
d) Los contratos onerosos, cualquiera que sea su naturaleza jurídica, que celebren las Mutuas de Accidentes de Trabajo y Enfermedades Profesionales de la Seguridad Social.

3. Los contratos que tienen por objeto la adquisición, el arrendamiento financiero, o el arrendamiento, con o sin opción de compra, de productos o bienes muebles, son:

a) Contratos de servicios.
b) Contratos de suministro.
c) Contratos de obras.
d) Contratos de gestión de servicios públicos.

4. No se consideran contratos de suministros:

a) Aquellos en los que el empresario se obligue a entregar una pluralidad de bienes de forma sucesiva y por precio unitario sin que la cuantía total se defina con exactitud al tiempo de celebrar el contrato, por estar subordinadas las entregas a las necesidades del adquirente.
b) Los que tengan por objeto la adquisición y el arrendamiento de equipos y sistemas de telecomunicaciones o para el tratamiento de la información, sus dispositivos y programas, y la cesión del derecho de uso de estos últimos.

c) Los de adquisición de programas de ordenador desarrollados a medida.

d) Los de fabricación, por los que la cosa o cosas que hayan de ser entregadas por el empresario deban ser elaboradas con arreglo a características peculiares fijadas previamente por la entidad contratante, aun cuando esta se obligue a aportar, total o parcialmente, los materiales precisos.

5. Están sujetos a regulación armonizada los contratos de obras y los contratos de concesión de obras públicas cuyo valor estimado sea igual o superior a:

a) 5.538.000 euros.
b) 6.581.000 euros.
c) 8.615.000 euros.
d) 1.861.000 euros.

6. Están sujetos a regulación armonizada los contratos de suministro adjudicados por la Administración General del Estado, sus organismos autónomos, o las Entidades Gestoras y Servicios Comunes de la Seguridad Social, cuyo valor estimado sea igual o superior a:

a) 5.538.000 euros.
b) 143.000 euros.
c) 221.000 euros.
d) 80.000 euros.

7. De los siguientes, son contratos privados los contratos celebrados por una Administración Pública que tengan por objeto:

a) La suscripción a revistas, publicaciones periódicas y bases de datos.
b) La concesión de servicios públicos.
c) Los contratos de colaboración entre el sector público y el sector privado.
d) La adquisición de suministros.

8. El Libro primero de la Ley 9/2017, de 8 de noviembre, de Contratos del Sector Público trata de:

a) Organización administrativa para la gestión de la contratación.
b) De los contratos de las administraciones públicas.
c) Configuración general de la contratación del sector público y elementos estructurales de los contratos.
d) De los contratos de otros entres del sector público.

9. Señalar la opción incorrecta. Es objeto de la Ley 9/2017, regular la contratación del sector público, a fin de garantizar que la misma se ajusta a los principios de:

a) Simplificación de la formalización de los contratos.
b) Libertad de acceso a las licitaciones.

c) No discriminación e igualdad de trato entre los licitadores.
d) Publicidad y transparencia de los procedimientos.

10. Conforme al artículo 1.3 de la Ley 9/2017, siempre que guarde relación con el objeto del contrato, en toda contratación pública se incorporarán de manera transversal y preceptiva criterios sociales y:

a) Divulgativos.
b) Comunitarios.
c) Medioambientales.
d) Judiciales.

En MADTEST tienes **más preguntas de este tema**, y todos tus avances quedan registrados y se reflejan en el ranking.

¡Supera tus límites con MADTEST!

Solución al test n.º 24

1. a) La Ley 9/2017, de 8 de noviembre.

2. d) Los contratos onerosos, cualquiera que sea su naturaleza jurídica, que celebren las Mutuas de Accidentes de Trabajo y Enfermedades Profesionales de la Seguridad Social.

3. b) Contratos de suministro.

4. c) Los de adquisición de programas de ordenador desarrollados a medida.

5. a) 5.538.000 euros.

6. b) 143.000 euros.

7. a) La suscripción a revistas, publicaciones periódicas y bases de datos.

8. c) Configuración general de la contratación del sector público y elementos estructurales de los contratos.

9. a) Simplificación de la formalización de los contratos.

10. c) Medioambientales.

**El procedimiento de contratación. La selección del contratista.
La ejecución y modificación de los contratos.
La extinción de los contratos**

1. Según el artículo 190 de la Ley 9/2017, el órgano de contratación ostenta, entre otras, la siguiente prerrogativa en relación a los contratos administrativos:

a) El derecho general del órgano de contratación a inspeccionar las instalaciones, oficinas y demás emplazamientos en los que el contratista desarrolle sus actividades.
b) La revisión periódica no predeterminada o no periódica de los precios de los contratos.
c) Suspender la ejecución del contrato.
d) La prórroga del contrato sin necesidad de preaviso.

2. A tenor del art. 42 de la Ley de Contratos del Sector Público, la declaración de nulidad de los actos preparatorios del contrato o de la adjudicación, cuando sea firme, llevará en todo caso consigo la del mismo contrato, que entrará en fase de:

a) Suspensión.
b) Ejecución.
c) Cancelación.
d) Liquidación.

3. Cuál de las siguientes es una causa de anulabilidad del contrato:

a) El incumplimiento de las circunstancias y requisitos exigidos para la modificación de los contratos.
b) La falta de publicación del anuncio de licitación en el perfil de contratante alojado en la Plataforma de Contratación del Sector Público.
c) Haber llevado a efecto la formalización del contrato, en los casos en que se hubiese interpuesto el recurso especial en materia de contratación sin respetar la suspensión automática del acto recurrido en los casos en que fuera procedente.
d) La falta de capacidad de obrar o de solvencia económica, financiera, técnica o profesional.

4. Por cuál de las siguientes razones, en virtud del artículo 39.2 de la Ley 9/2017, los contratos celebrados por poderes adjudicadores serán nulos de pleno derecho:

a) Los encargos que acuerden los poderes adjudicadores para la ejecución directa de prestaciones a través de medios propios, cuando no observen alguno de los requisitos establecidos relativos a la condición de medio propio.

b) El incumplimiento de las circunstancias y requisitos exigidos para la modificación de los contratos.

c) Todas aquellas disposiciones, resoluciones, cláusulas o actos emanados de cualquier poder adjudicador que otorguen, de forma directa o indirecta, ventajas a las empresas que hayan contratado previamente con cualquier Administración.

d) El incumplimiento de las normas establecidas para la adjudicación de los contratos basados en un acuerdo marco celebrado con varios empresarios o de los contratos específicos basados en un sistema dinámico de adquisición en el que estuviesen admitidos varios empresarios, siempre que dicho incumplimiento hubiera determinado la adjudicación del contrato de que se trate a otro licitador.

5. Son susceptibles de recurso especial los contratos de obras cuyo valor estimado sea superior a: *(a partir de)*

a) 100.000 euros.
b) 500.000 euros.
c) 1 millón de euros.
d) 3 millones de euros.

6. Son susceptibles de recurso especial los contratos de servicios cuyo valor estimado sea superior a: *(a partir de)*

a) 100.000 euros.
b) 500.000 euros.
c) 1 millón de euros.
d) 3 millones de euros.

7. Señalar la opción incorrecta. Solo podrán contratar con el sector público las personas naturales o jurídicas:

a) Que tengan plena capacidad de obrar.
b) Que no estén incursas en una prohibición de contratar.
c) Que tengan la nacionalidad española.
d) Que acrediten su solvencia económica, financiera y técnica o profesional o se encuentren debidamente clasificadas.

8. Será requisito indispensable que el empresario se encuentre debidamente clasificado como contratista de obras de los poderes adjudicadores, para los contratos de obras cuyo valor estimado sea igual o superior a:

a) 300.000 euros.
b) 500.000 euros.

c) 800.000 euros.
d) 1.000.000 euros.

9. Podrá exceptuarse la necesidad de clasificación para determinados tipos de contratos de obras y de servicios en los que este requisito sea exigible, mediante:

a) Resolución motivada del superior jerárquico del órgano contratante.
b) Orden del Ministro titular en materia de Hacienda.
c) Orden del Ministro titular del ministerio al que pertenece el órgano contratante.
d) Real Decreto del Consejo de Ministros.

10. No será exigible la clasificación en los contratos de servicios a partir de un valor estimado inferior a:

a) 100.000 euros.
b) 60. 000 euros.
c) 200.000 euros.
d) Para los contratos de servicios no será exigible la clasificación del empresario.

En MADTEST tienes **más preguntas de este tema**, y todos tus avances quedan registrados y se reflejan en el ranking.

¡Supera tus límites con MADTEST!

Solución al test n.º 25

1. c) Suspender la ejecución del contrato.

2. d) Liquidación.

3. a) El incumplimiento de las circunstancias y requisitos exigidos para la modificación de los contratos.

4. d) El incumplimiento de las normas establecidas para la adjudicación de los contratos basados en un acuerdo marco celebrado con varios empresarios o de los contratos específicos basados en un sistema dinámico de adquisición en el que estuviesen admitidos varios empresarios, siempre que dicho incumplimiento hubiera determinado la adjudicación del contrato de que se trate a otro licitador.

5. d) 3 millones de euros.

6. a) 100.000 euros.

7. c) Que tengan la nacionalidad española.

8. b) 500.000 euros.

9. d) Real Decreto del Consejo de Ministros.

10. d) Para los contratos de servicios no será exigible la clasificación del empresario.

El personal al servicio de la Administración local: clases de personal. Régimen jurídico básico. Derechos y deberes

1. Para el acceso a los cuerpos o escalas del Grupo B se exigirá estar en posesión del:

a) Título de Técnico Superior.
b) Título de Bachiller.
c) Título de Técnico.
d) Título universitario de Grado.

2. ¿Cómo se denomina al personal que, en virtud de nombramiento y con carácter no permanente, solo realiza funciones expresamente calificadas como de confianza o asesoramiento especial, siendo retribuido con cargo a los créditos presupuestarios consignados para este fin?

a) Personal Laboral.
b) Personal Eventual.
c) Funcionarios interinos.
d) Funcionarios de carrera.

3. Los titulares de la Secretaría-Intervención ejercerán sus funciones en las Secretarías de clase tercera, es decir, de Ayuntamientos de Municipios:

a) Con población inferior a 5.001 habitantes y cuyo Presupuesto no exceda de 3.010.060 euros.
b) Con población inferior a 3.001 habitantes y cuyo Presupuesto no exceda de 2.999.000 euros.
c) Con población inferior a 2.501 habitantes y cuyo Presupuesto no exceda de 1.500.060 euros.
d) Con población inferior a 1.00 habitantes y cuyo Presupuesto no exceda de 1.010.060 euros.

4. ¿A qué Subescala pertenecen los funcionarios que realicen tareas administrativas, normalmente de trámite y colaboración?

a) A la Subescala Técnica de Administración General.
b) A la Subescala de Gestión de Administración General.

c) A la Subescala Administrativa de Administración General.

d) A la Subescala Auxiliar de Administración General.

5. Los Ayuntamientos de Municipios con población superior a 50.000 y no superior a 75.000 habitantes podrán incluir en sus plantillas puestos de trabajo de personal eventual por un número que no podrá exceder de:

a) Uno.

b) Dos.

c) Siete.

d) La mitad de concejales de la Corporación local.

6. ¿Con qué frecuencia publicarán las Corporaciones locales en su sede electrónica y en el Boletín Oficial de la Provincia o, en su caso, de la Comunidad Autónoma uniprovincial el número de los puestos de trabajo reservados a personal eventual?

a) Cada cinco años.

b) Cada dos años.

c) Anualmente.

d) Semestralmente.

7. Los puestos de confianza o asesoramiento especial se suelen reservar al/a los:

a) Políticos.

b) Personal Eventual.

c) Personal Laboral.

d) Funcionarios.

8. Los interinos ocupan provisionalmente puestos que pueden ser desempeñados por:

a) Contratados temporales.

b) Personal eventual.

c) Funcionarios.

d) Personal Laboral.

9. ¿Cuál es la norma vigente por la que se regula el régimen jurídico de los funcionarios de Administración Local con habilitación de carácter nacional?

a) La Ley 5/2008, de 29 de octubre.

b) El Real Decreto 1174/1987, de 18 de septiembre.

c) El Real Decreto 128/2018, de 16 de marzo.

d) La Ley 34/2016, de 3 de abril.

10. ¿En qué clase se encuadrarían las Secretarías de Ayuntamientos de municipios cuyas poblaciones están comprendidas entre 5.001 y 20.000 habitantes?

a) Clase primera.
b) Clase segunda.
c) Clase tercera.
d) Clase cuarta.

En MADTEST tienes **más preguntas de este tema**, y todos tus avances quedan registrados y se reflejan en el ranking.

¡Supera tus límites con MADTEST!

Solución al test n.º 26

1. a) Título de Técnico Superior.

2. b) Personal Eventual.

3. a) Con población inferior a 5.001 habitantes. cuyo Presupuesto no exceda de 3.010.060 euros.

4. c) A la Subescala Administrativa de Administración General.

5. d) La mitad de concejales de la Corporación local.

6. d) Semestralmente.

7. b) Personal Eventual.

8. c) Funcionarios.

9. c) El Real Decreto 128/2018, de 16 de marzo.

10. b) Clase segunda.

TEST N.º 27

Derecho a la negociación colectiva, representación y participación institucional. Derecho de reunión

1. Completar la siguiente frase: "Los empleados públicos tienen derecho a la negociación colectiva, representación y .... para la determinación de sus condiciones de trabajo":

a) Evaluación del desempeño.
b) Huelga.
c) Participación institucional.
d) Convenio.

2. Quedan excluidas de la obligatoriedad de la negociación colectiva:

a) Las normas que fijen los criterios y mecanismos generales en materia de evaluación del desempeño.
b) Los criterios generales para la determinación de prestaciones sociales y pensiones de clases pasivas.
c) Los criterios generales sobre ofertas de empleo público.
d) La determinación de condiciones de trabajo del personal directivo.

3. Las Juntas de Personal se constituirán en unidades electorales que cuenten con un censo mínimo de:

a) 15 funcionarios.
b) 25 funcionarios.
c) 30 funcionarios.
d) 50 funcionarios.

4. El derecho a participar, a través de las organizaciones sindicales, en los órganos de control y seguimiento de las entidades u organismos que legalmente se determine, es lo que el EBEP denomina:

a) Negociación colectiva.
b) Participación institucional.

c) Representación.
d) Derecho de reunión.

5. En las Mesas de Negociación, las partes están obligadas a negociar bajo el principio de:

a) El interés general.
b) Representación equilibrada.
c) Reconocimiento mutuo.
d) La buena fe.

6. A tenor del artículo 39 del EBEP los órganos específicos de representación de los funcionarios son:

a) Los Comités de Empresa y los Delegados de Prevención.
b) Los Delegados de Personal y las Juntas de Personal.
c) Las Mesas Generales de Negociación y las Mesas Sectoriales.
d) Los Comités de Personal y los Delegados de Servicio.

7. ¿Cuántos Delegados de Personal se elegirán en una unidad electoral con 41 funcionarios?

a) 1.
b) 2.
c) 3.
d) Entre 40 y 100 funcionarios se elige una Junta de Personal con 5 representantes.

8. Los miembros de las Juntas de Personal y los Delegados de Personal de una unidad administrativa con menos de 100 funcionarios, tendrán derecho dentro de la jornada de trabajo, a un crédito de:

a) 8 horas mensuales.
b) 10 horas mensuales.
c) 12 horas mensuales.
d) 15 horas mensuales.

9. El mandato de los miembros de las Juntas de Personal y de los Delegados de Personal, en su caso, será de:

a) 3 años.
b) 4 años.
c) 5 años.
d) 7 años.

10. Señalar la opción correcta:

a) Las Juntas de Personal se elegirán mediante listas cerradas a través de un sistema proporcional corregido, y los Delegados de Personal mediante listas abiertas y sistema mayoritario.

b) Los Delegados de Personal se elegirán mediante listas cerradas a través de un sistema proporcional corregido, y las Juntas de Personal mediante listas abiertas y sistema mayoritario.

c) Tanto las Juntas de Personal como los Delegados de Personal se elegirán mediante listas cerradas a través de un sistema proporcional corregido.

d) Tanto las Juntas de Personal como los Delegados de Personal se elegirán mediante listas abiertas y sistema mayoritario.

En MADTEST tienes **más preguntas de este tema**, y todos tus avances quedan registrados y se reflejan en el ranking.

¡Supera tus límites con MADTEST!

Solución al test n.º 27

1. c) Participación institucional.

2. d) La determinación de condiciones de trabajo del personal directivo.

3. d) 50 funcionarios.

4. b) Participación institucional.

5. d) La buena fe.

6. b) Los Delegados de Personal y las Juntas de Personal.

7. c) 3.

8. d) 15 horas mensuales.

9. b) 4 años.

10. a) Las Juntas de Personal se elegirán mediante listas cerradas a través de un sistema proporcional corregido, y los Delegados de Personal mediante listas abiertas y sistema mayoritario.

TEST N.º 28

El acceso a la función pública: principios constitucionales y normativa de aplicación. La promoción interna. La provisión de puestos de trabajo

1. ¿Cuál es la unidad básica de la estructura administrativa del empleo público?

a) El puesto de trabajo.
b) El servicio administrativo.
c) La relación de puestos de trabajo.
d) La plantilla.

2. Según el artículo 61.2 de la Ley 4/2021, en los procedimientos de selección de personal, todos los programas de materias deberán incluir contenidos sobre:

a) La protección de datos de carácter personal.
b) La prevención y erradicación de la violencia de género.
c) El principio de igualdad efectiva de mujeres y hombres en los diversos ámbitos de la función pública.
d) La transparencia de la actividad pública.

3. ¿Cuál es la edad mínima para poder participar en los procesos selectivos de acceso al empleo público de la Administración de la Generalitat Valenciana?

a) 14 años.
b) 16 años.
c) 17 años.
d) 18 años.

4. El artículo 64 de la Ley 4/2021, establece que, en todas las ofertas de empleo público se reservará un cupo de las vacantes para ser cubiertas entre personas con discapacidad o diversidad funcional, no inferior al:

a) 3% de las vacantes.
b) 5% de las vacantes.
c) 7% de las vacantes.
d) 10% de las vacantes.

5. Según el artículo 62 de la Ley 4/2021, ¿puede establecerse otra edad máxima, distinta de la edad de jubilación forzosa, para el acceso al empleo público?

a) No, en ningún caso.
b) Sí, si así lo establece una ley.
c) Solo para el acceso a empleos que requieran ciertas aptitudes físicas.
d) Solo para el personal laboral.

6. Además de los requisitos generales recogidos en el artículo 62 de la Ley 4/2021 para el acceso al empleo público, podrá exigirse el cumplimiento de otros requisitos específicos que guarden relación objetiva y proporcionada con las funciones asumidas y las tareas a desempeñar. En todo caso, habrán de establecerse de manera abstracta y:

a) Ocasional.
b) No excluyente.
c) General.
d) Motivada.

7. Para asegurar la objetividad y la racionalidad de los procedimientos selectivos, y atendiendo a lo que expresamente se establezca en las respectivas convocatorias, las pruebas podrán completarse con la superación de cursos que, para los puestos de trabajo del Grupo A, no podrán durar más de:

a) 3 meses.
b) 6 meses.
c) 9 meses.
d) 12 meses.

8. En el sistema de concurso-oposición, la valoración de la fase de concurso no podrá superar el siguiente porcentaje de la puntuación total que pueda alcanzarse en el conjunto del proceso selectivo:

a) 30%.
b) 40%.
c) 50%.
d) 60%.

9. En relación a la renuncia a la condición de personal funcionario de carrera, es cierto, según el artículo 70 de la Ley 4/2021, que:

a) La renuncia inhabilita para ingresar de nuevo en la función pública.
b) Debe ser aceptada cuando la persona interesada esté sujeta a expediente disciplinario.
c) Habrá de formalizarse por escrito y deberá ser aceptada expresamente.
d) Se aceptará únicamente cuando haya sido dictado en contra del interesado auto de procesamiento o de apertura de juicio oral por la comisión de algún delito.

10. La jubilación forzosa del personal funcionario se declarará de oficio al cumplir la edad legalmente establecida. No obstante lo anterior, se podrá solicitar la prolongación de la permanencia en el servicio activo, como máximo, hasta que se cumplan:

a) Los sesenta y ocho años de edad.
b) Los setenta años de edad.
c) Los setenta y dos años de edad.
d) Los setenta y cinco años de edad.

Solución al test n.º 28

1. a) El puesto de trabajo.

2. c) El principio de igualdad efectiva de mujeres y hombres en los diversos ámbitos de la función pública.

3. b) 16 años.

4. d) 10% de las vacantes.

5. b) Sí, si así lo establece una ley.

6. c) General.

7. b) 6 meses.

8. b) 40%.

9. c) Habrá de formalizarse por escrito y deberá ser aceptada expresamente.

10. b) Los setenta años de edad.

TEST N.º 29

Situaciones administrativas de los funcionarios. Supuestos y efectos de cada una de ellas. Incompatibilidades. Régimen disciplinario

1. Según el artículo 140 de la Ley 4/2021, el personal funcionario de carrera que haya sido cesado, en tanto no se le atribuya destino en otro puesto de trabajo, se hallará en la situación de:

a) Servicio activo.
b) Servicios especiales.
c) Excedencia forzosa.
d) Suspensión de funciones.

2. Según el artículo 154 de la Ley 4/2021, en la situación de excedencia voluntaria por cuidado de familiares, el puesto de trabajo obtenido con destino definitivo:

a) No será reservado.
b) Se reservará durante el primer año de la excedencia.
c) Se reservará mientras no sea objeto de provisión con destino definitivo por otro empleado público.
d) Se reservará durante los tres años de duración de la excedencia.

3. Cuando adquieran la condición de funcionarios al servicio de organizaciones internacionales, los funcionarios de carrera serán declarados en situación de:

a) Excedencia.
b) Servicios especiales.
c) Servicio en otras Administraciones Públicas.
d) Servicio activo.

4. El reingreso al servicio activo habrá de solicitarse, a contar desde el día siguiente al de la finalización de la causa que dio lugar a la situación de servicios especiales, en un plazo de:

a) 10 días.
b) 15 días.

c) 20 días.
d) Un mes.

5. Para que el funcionario de carrera en excedencia voluntaria por interés particular pueda solicitar el reingreso, deberá haber permanecido en la situación de excedencia, al menos:

a) Un año.
b) Dos años.
c) Tres años.
d) No se requerirá plazo mínimo alguno.

6. En relación con la excedencia voluntaria por razones de interés particular, de los funcionarios de carrera, es cierto que:

a) Les será computable el tiempo que permanezcan en tal situación a efectos de derechos en el régimen de Seguridad Social que les sea de aplicación.
b) Podrá declararse cuando al funcionario público se le instruya expediente disciplinario.
c) La concesión de excedencia voluntaria por interés particular quedará subordinada a las necesidades del servicio debidamente motivadas.
d) Su duración no podrá ser superior a tres años.

7. La funcionaria víctima de violencia de género mantendrá sus retribuciones íntegras cuando reduzca su jornada:

a) Un treinta por ciento o menos.
b) Hasta la mitad.
c) Dos tercios o menos.
d) No más de un tercio.

8. En relación con la excedencia por cuidado de familiares, es cierto que:

a) En el caso de que dos funcionarios generasen el derecho a disfrutarla por el mismo sujeto causante, no se les podrá limitar el uso íntegro y simultáneo de la misma.
b) El tiempo de permanencia en esta situación no será computable a efectos de trienios, carrera y derechos en el régimen de Seguridad Social que sea de aplicación.
c) Los funcionarios en esta situación no podrán participar en los cursos de formación que convoque la Administración.
d) El período de excedencia será único por cada sujeto causante. Cuando un nuevo sujeto causante diera origen a una nueva excedencia, el inicio del período de la misma pondrá fin al que se viniera disfrutando.

9. Los funcionarios que sean adscritos a los servicios del Tribunal Constitucional o del Defensor del Pueblo serán declarados en situación de:

a) Servicio activo.
b) Excedencia.

c) Servicios especiales.

d) Servicio en otra Administración Pública.

10. Quienes se encuentren en situación de servicios especiales:

a) Percibirán las retribuciones que les correspondan como funcionarios de carrera.

b) Tendrán derecho a reingresar al servicio activo en el mismo puesto que ocupaban en el momento del nombramiento que originó el pase a la situación de servicios especiales.

c) El tiempo que permanezcan en tal situación se les computará a efectos de ascensos, reconocimiento de trienios, promoción interna y derechos en el régimen de Seguridad Social que les sea de aplicación.

d) No podrán percibir los trienios que tuvieran reconocidos antes de pasar a la situación de servicios especiales.

En MADTEST tienes **más preguntas de este tema**, y todos tus avances quedan registrados y se reflejan en el ranking.

¡Supera tus límites con MADTEST!

Solución al test n.º 29

1. a) Servicio activo.

2. d) Se reservará durante los tres años de duración de la excedencia.

3. b) Servicios especiales.

4. d) Un mes.

5. b) Dos años.

6. c) La concesión de excedencia voluntaria por interés particular quedará subordinada a las necesidades del servicio debidamente motivadas.

7. a) Un treinta por ciento o menos.

8. d) El período de excedencia será único por cada sujeto causante. Cuando un nuevo sujeto causante diera origen a una nueva excedencia, el inicio del período de la misma pondrá fin al que se viniera disfrutando.

9. c) Servicios especiales.

10. c) El tiempo que permanezcan en tal situación se les computará a efectos de ascensos, reconocimiento de trienios, promoción interna y derechos en el régimen de Seguridad Social que les sea de aplicación.

El presupuesto: concepto y clases. El ciclo presupuestario. Los créditos presupuestarios. Haciendas locales: los ingresos de las entidades locales

1. Al presupuesto general se unirán como anexos:

a) Los planes y programas de inversión y financiación que, para un plazo de cuatro años, podrán formular los municipios y demás entidades locales de ámbito supramunicipal.

b) Los programas anuales de actuación, inversiones y financiación de las sociedades mercantiles de cuyo capital social sea titular único o partícipe mayoritario de la entidad local.

c) El estado de consolidación del presupuesto de la propia entidad con el de todos los presupuestos y estados de previsión de sus organismos autónomos y sociedades mercantiles.

d) Todas las respuestas anteriores son correctas.

2. El plan de inversiones que deberá coordinarse, en su caso, con el programa de actuación y planes de etapas de planeamiento urbanístico, y se completará con el programa financiero, que contendrá:

a) La inversión prevista a realizar en cada uno de los dos ejercicios.

b) Los ingresos por subvenciones, contribuciones especiales, cargas de urbanización, recursos patrimoniales y otros ingresos de capital que se prevean obtener en dichos ejercicios, así como una proyección del resto de los ingresos previstos en el período citado en la letra a).

c) Las operaciones de crédito que resulten necesarias para completar la financiación, con indicación de los costes que vayan a generar.

d) Todas las respuestas anteriores son correctas.

3. En la clasificación económica, los niveles serán los mismos que los establecidos para la Administración del Estado:

a) Capítulo.
b) Concepto.
c) Subconcepto.
d) Artículo.

4. La estructura de los presupuestos de las entidades locales se determinará:

a) Por el Consejo de Ministros.
b) Por cada entidad local.
c) Por el Ministerio de Hacienda.
d) Por la Comunidad Autónoma a la que pertenece.

5. ¿Cuál es la denominación del Capítulo VII de la clasificación económica de los estados de ingresos de los Presupuestos de entidades locales?

a) Activos financieros.
b) Transferencias de capital.
c) Transferencias corrientes.
d) Inversiones reales.

6. El Capítulo IV de la clasificación económica del Presupuesto de Gastos de los Presupuestos de las entidades locales se denomina:

a) Transferencias corrientes.
b) Gastos de personal.
c) Activos financieros.
d) Gastos corrientes en bienes y servicios.

7. Y el Capítulo II de la clasificación económica de gastos corresponde a:

a) Gastos de personal.
b) Gastos corrientes en bienes y servicios.
c) Gastos Financieros.
d) Activos financieros.

8. Y el Capítulo V:

a) Inversiones reales.
b) Transferencias corrientes.
c) Fondo de Contingencia y Otros Imprevistos.
d) Gastos de personal.

9. ¿Cuál es la denominación del Grupo n.º 3 de la clasificación funcional y por programas de los estados de ingresos y recursos del Presupuesto de las entidades locales?

a) Servicios públicos básicos.
b) Seguridad, protección y promoción social.
c) Producción de bienes públicos de carácter preferente.
d) Actuaciones de carácter económico.

10. En la clasificación por funciones y programas de los estados de gastos y dotaciones del Presupuesto de las entidades locales, el Grupo n.º 0 se denomina:

a) Servicios de carácter general.
b) Deuda pública.
c) Regulación económica de carácter preferente.
d) Actuaciones de carácter general.

En MADTEST tienes **más preguntas de este tema**, y todos tus avances quedan registrados y se reflejan en el ranking.

¡Supera tus límites con MADTEST!

Solución al test n.º 30

1. d) Todas las respuestas anteriores son correctas.

2. c) Las operaciones de crédito que resulten necesarias para completar la financiación, con indicación de los costes que vayan a generar.

3. a) Capítulo.

4. c) Por el Ministerio de Hacienda.

5. b) Transferencias de capital.

6. a) Transferencias corrientes.

7. b) Gastos corrientes en bienes y servicios.

8. c) Fondo de Contingencia y Otros Imprevistos.

9. c) Producción de bienes públicos de carácter preferente.

10. b) Deuda pública.

TEST N.º 31

Control del gasto público. Clases. Especial referencia del control de legalidad. El Tribunal de Cuentas. La Sindicatura de Comptes

1. El control financiero:

a) Tendrá por objeto fiscalizar todos los actos de las entidades locales y de sus organismos autónomos que den lugar al reconocimiento y liquidación de derechos y obligaciones o gastos de contenido económico, los ingresos y pagos que de aquéllos se deriven, y la recaudación, inversión y aplicación, en general, de los caudales públicos administrados, con el fin de que la gestión se ajuste a las disposiciones aplicables en cada caso.

b) Comprende la intervención formal de la ordenación del pago.

c) Tendrá por objeto comprobar el funcionamiento en el aspecto económico-financiero de los servicios de las entidades locales, de sus organismos autónomos y de las sociedades mercantiles de ellas dependientes.

d) Comprende la intervención material del pago.

2. La garantía de transparencia en la gestión económica está sujeta a diversos procedimientos de control interno que pueden concretarse en:

a) Verificar el cumplimiento de la normativa que resulte de aplicación a la gestión objeto del control (control de legalidad).

b) Verificar el adecuado registro y contabilización de las operaciones realizadas y su fiel reflejo en las cuentas y estados contables que, conforme a las disposiciones aplicables, deba rendir cada Entidad.

c) Evaluar que la actividad y los procedimientos objeto de control se realizan de acuerdo con los principios de buena gestión financiera.

d) Todas las respuestas anteriores son correctas.

3. El Tribunal de Cuentas está regulado por:

a) La LO 2/1992.
b) La Ley 2/1985.
c) La LO 2/1982.
d) La LO 7/1988.

4. El Tribunal de Cuentas está regulado en la Constitución Española en el artículo:

a) 135.
b) 128.
c) 142.
d) 136.

5. El Presidente del Tribunal de Cuentas es nombrado por un período de:

a) 3 años.
b) 4 años.
c) 5 años.
d) 7 años.

6. El Pleno del Tribunal de Cuentas está integrado por:

a) Doce Consejeros de Cuentas, sin incluir al Presidente.
b) Doce Consejeros de Cuentas, uno de los cuales es el Presidente.
c) Siete Consejeros de Cuentas, sin incluir al Presidente.
d) Veinte Consejeros de Cuentas, uno de los cuales es el Presidente.

7. El Pleno se reunirá:

a) Una vez al menos dentro de cada mes.
b) Dos veces al menos dentro de cada mes.
c) Una vez cada dos meses.
d) Una vez cada tres meses.

8. El quórum para la válida constitución del Pleno es de:

a) Mayoría simple de sus componentes.
b) Mayoría absoluta de sus componentes.
c) Dos tercios de sus componentes.
d) Tres quintos de sus componentes.

9. Corresponde a la Sección de Enjuiciamiento del Tribunal de Cuentas:

a) Preparar la Memoria de las actuaciones jurisdiccionales del Tribunal durante el ejercicio económico correspondiente y formular la oportuna propuesta al Pleno.
b) Someter al Pleno las modificaciones que deban introducirse en la estructura de la Sección, así como la creación de nuevas Salas cuando el número de los asuntos lo aconseje.
c) Sentar los criterios con arreglo a los cuales debe efectuarse el reparto de asuntos entre las Salas y entre los Consejeros de la Sección de Enjuiciamiento.
d) Todas las respuestas anteriores son correctas.

10. El Estatuto de Autonomía Valenciano reconoce la existencia de la Sindicatura de Comptes en el artículo:

a) 29.
b) 39.
c) 49.
d) 59.

En MADTEST tienes **más preguntas de este tema**, y todos tus avances quedan registrados y se reflejan en el ranking.

¡Supera tus límites con MADTEST!

Solución al test n.º 31

1. c) Tendrá por objeto comprobar el funcionamiento en el aspecto económico-financiero de los servicios de las entidades locales, de sus organismos autónomos y de las sociedades mercantiles de ellas dependientes.

2. d) Todas las respuestas anteriores son correctas.

3. c) La LO 2/1982.

4. d) 136.

5. a) 3 años.

6. b) Doce Consejeros de Cuentas, uno de los cuales es el Presidente.

7. a) Una vez al menos dentro de cada mes.

8. c) Dos tercios de sus componentes.

9. d) Todas las respuestas anteriores son correctas.

10. b) 39.

Gestión presupuestaria: Gastos plurianuales. Anulación de remanentes. Incorporación de créditos. Créditos extraordinarios y suplementos de crédito. Anticipos de tesorería. Créditos ampliables. Transferencia de crédito. Ingresos que generan crédito

1. El artículo 174 del Real Decreto Legislativo 2/2004, de 5 de marzo, señala que podrán adquirirse compromisos de gastos que hayan de extenderse a ejercicios posteriores a aquel en que se autoricen siempre que se encuentren en el caso de:

a) Inversiones y transferencias de capital.
b) Arrendamientos de bienes inmuebles.
c) Cargas financieras de las deudas de la entidad local y de sus organismos autónomos.
d) Todos los anteriores.

2. El límite de crédito correspondiente a ejercicios futuros y la ampliación del número de anualidades serán determinados por:

a) El Presidente de la Diputación.
b) El Diputado delegado del Área Hacienda.
c) El Pleno de la Corporación.
d) Los titulares de las distintas áreas.

3. Para los gastos plurianuales, el porcentaje para el segundo ejercicio no puede superar:

a) 70%.
b) 60%.
c) 50%.
d) 40%.

4. Y para el cuarto ejercicio:

a) 60%.
b) 50%.

c) 40%.
d) 30%.

5. Según la Base nº 8 de las Bases de Ejecución del Presupuesto General de la Diputación de Valencia para el ejercicio económico de 2025, en los Gastos de Personal los créditos son vinculantes en el área política:

a) Un dígito.
b) Dos dígitos.
c) Tres dígitos.
d) Cuatro dígitos.

6. Las aplicaciones presupuestarias del subconcepto 222.01 en la que se consignan créditos para gastos derivados de comunicaciones postales y telegráficas, vincularán en la clasificación económica a nivel de:

a) Dos dígitos.
b) Tres dígitos.
c) Cuatro dígitos.
d) Cinco dígitos.

7. Las incorporaciones de remanentes, tendrán vinculación en la clasificación orgánica a nivel de:

a) Dos dígitos.
b) Tres dígitos.
c) Cuatro dígitos.
d) Cinco dígitos.

8. Los créditos ampliables, tendrán vinculación en la clasificación económica a nivel de:

a) Dos dígitos.
b) Tres dígitos.
c) Cuatro dígitos.
d) Cinco dígitos.

9. Las incorporaciones de crédito suponen:

a) Una excepción del principio de anualidad.
b) Igual gasto público.
c) Menor gasto público.
d) A y b son correctas.

10. La financiación de un crédito extraordinario se realizará:

a) Con cargo al Remanente líquido de Tesorería.
b) Con nuevos ingresos no previstos.
c) Con mayores ingresos recaudados sobre los totales previstos en el presupuesto.
d) Todas las respuestas anteriores son correctas.

En MADTEST tienes **más preguntas de este tema**, y todos tus avances quedan registrados y se reflejan en el ranking.

¡Supera tus límites con MADTEST!

Solución al test n.º 32

1. d) Todos los anteriores.

2. c) El Pleno de la Corporación.

3. b) 60%.

4. b) 50%.

5. a) Un dígito.

6. d) Cinco dígitos.

7. b) Tres dígitos.

8. d) Cinco dígitos.

9. a) Una excepción del principio de anualidad.

10. d) Todas las respuestas anteriores son correctas.

Ejecución presupuestaria: Ordenación del gasto y ordenación del pago: órganos competentes. Fases del procedimiento y documentos contables que intervienen. Liquidación y cierre del ejercicio

1. El acto administrativo en virtud del cual la autoridad competente acuerda que puede realizarse un gasto calculado en cuantía cierta o aproximada, reservando a tal fin la totalidad o una parte del crédito idóneo a la naturaleza del gasto que se pretende realizar, recibe el nombre de:

a) Autorización.
b) Concesión.
c) Ordenación.
d) Compromiso.

2. La ordenación del pago:

a) Consiste en el mandado de pago de una obligación reconocida y liquidada, previamente intervenida, que efectuará la Unidad Central de Tesorería de acuerdo con el Plan de Disposición de Fondos.

b) Es el acto mediante el cual, tras el cumplimiento de la contraprestación a que se obligó un tercero con la Corporación, se declara la existencia de un crédito exigible contra la misma, derivado de un gasto autorizado y comprometido.

c) Es el acto mediante el cual se acuerda, tras el cumplimiento de los trámites legalmente establecidos, la realización de gastos previamente autorizados, por un importe exactamente determinado.

d) Es el acto mediante el cual se acuerda, por el órgano competente en cada la realización de un gasto determinado por una cuantía cierta o aproximada, reservando a tal fin la totalidad o parte de un crédito presupuestario.

3. El documento contable de tipo «A»:

a) Se expedirá para las autorizaciones de gastos, una vez comprobados los oportunos expedientes.

b) Se expedirá cuando exista un compromiso de gasto adquirido por terceros por una cuantía determinada.

c) Se expedirá para aquellas autorizaciones que estén pendientes de proponer su pago al fin del ejercicio presupuestario.

d) Se utilizará para el reconocimiento y liquidación de la obligación.

4. Los documentos contables AD:

a) Abarcan las fases de autorización y disposición.

b) Abarcan las distintas fases del proceso.

c) Abarcan solo la fase de disposición.

d) Abarcan las operaciones de reconocimiento de obligaciones conjuntamente con la propuesta de pago.

5. Los tipos de documentos de ejecución del Presupuesto de gasto son:

a) A, B, C. D.

b) A, D, O.

c) A, D, R, J.

d) DI.

6. Los documentos contables ADO:

a) Abarcan las fases de autorización, disposición y contracción de la obligación.

b) Abarcan la fase previa del proceso.

c) Abarcan solo la fase de pago.

d) Abarcan el reconocimiento e ingreso simultáneo.

7. La ordenación de pagos le corresponde al:

a) Interventor.

b) Secretario de la entidad local.

c) Al Presidente/a de la entidad local.

d) Al competente en materia de Hacienda.

8. Los documentos de pago que tengan una fecha de vencimiento tendrán que estar en Tesorería, al menos, con:

a) Quince días de antelación a esta fecha.

b) Diez días de antelación a esta fecha.

c) Cinco días de antelación a esta fecha.

d) Tres días de antelación a esta fecha.

9. La Intervención General con el dictamen de la Comisión de Economía y Hacienda, remitirá por conducto de la Presidencia de la Diputación al Pleno de la misma, la información a que se refiere el art. 207 del TRLRHL y con el detalle del art. 16 de la Orden HAP/2105/2012, de 1 de octubre, por la que se desarrollan las obligaciones de suministro de información previstas en la Ley Orgánica 2/2012, de 27 de abril, de Estabilidad Presupuestaria y Sostenibilidad Financiera con una periodicidad:

a) Mensual.

b) Bimensual.

c) Trimestral.
d) Cuatrimestral.

10. En la tramitación de los contratos, no están sometidos a intervención previa los gastos menores de:

a) 1000 euros.
b) 1503,36 euros.
c) 2009,65 euros.
d) 3.005,06 euros.

Solución al test n.º 33

1. a) Autorización.

2. a) Consiste en el mandado de pago de una obligación reconocida y liquidada, previamente intervenida, que efectuará la Unidad Central de Tesorería de acuerdo con el Plan de Disposición de Fondos.

3. a) Se expedirá para las autorizaciones de gastos, una vez comprobados los oportunos expedientes.

4. a) Abarcan las fases de autorización y disposición.

5. b) A, D, O.

6. a) Abarcan las fases de autorización, disposición y contracción de la obligación.

7. c) Al Presidente/a de la entidad local.

8. d) Tres días de antelación a esta fecha.

9. c) Trimestral.

10. d) 3.005,06 euros.

TEST N.º 34

Gasto para la compra de bienes y servicios. Gastos de transferencias: corrientes y de capital. Gastos de inversión

1. La estructura, normas y códigos a los que deberán adaptarse los presupuestos de las entidades locales se regula por la Orden/EHA…:

a) 35/2018, de 3 de diciembre.
b) 765/2020, de 3 de diciembre.
c) 1585/2012, de 3 de diciembre.
d) 3565/2008, de 3 de diciembre.

2. El capítulo II de la clasificación económica de gastos corresponde a:

a) Personal.
b) Corrientes en bienes y servicios
c) Inversiones reales.
d) Transferencias corrientes.

3. Los gastos imputable al Capítulo II tienen que ser:

a) Bienes fungibles.
b) Duración no superior a los dos años.
c) Inventariables.
d) Todas las respuestas anteriores son correctas.

4. El artículo 23 corresponde a:

a) Material, suministros y otros.
b) Gastos de publicaciones.
c) Indemnizaciones por razón del servicio.
d) Trabajos realizados por Instituciones sin fines de lucro.

5. El artículo 20 corresponde a:

a) Material, suministros y otros.
b) Arrendamientos y cánones.

c) Indemnizaciones por razón del servicio.
d) Gastos de publicaciones.

6. El artículo 21 corresponde a:

a) Material, suministros y otros.
b) Reparaciones, mantenimiento y conservación.
c) Arrendamientos y cánones.
d) Indemnizaciones por razón del servicio.

7. El Capítulo IV de la clasificación económica corresponde a:

a) Inversiones reales.
b) Gastos financieros.
c) Transferencias corrientes.
d) Transferencias de capital.

8. El artículo 44 corresponde a:

a) A la Administración General de la Entidad local.
b) A Empresas privadas.
c) Al exterior.
d) A entes públicos y sociedades mercantiles de la Entidad local.

9. El artículo 41 corresponde a:

a) A la Administración General de la Entidad local.
b) A Organismos Autónomos de la Entidad local.
c) A la Administración del Estado.
d) A la Seguridad Social.

10. El artículo 43 corresponde a:

a) A Empresas privadas.
b) A Comunidades Autónomas.
c) A la Administración del Estado.
d) A la Seguridad Social.

En MADTEST tienes **más preguntas de este tema**, y todos tus avances quedan registrados y se reflejan en el ranking.

¡Supera tus límites con MADTEST!

Solución al test n.º 34

1. d) 3565/2008, de 3 de diciembre.

2. b) Corrientes en bienes y servicios

3. a) Bienes fungibles.

4. c) Indemnizaciones por razón del servicio.

5. b) Arrendamientos y cánones.

6. b) Reparaciones, mantenimiento y conservación.

7. c) Transferencias corrientes.

8. d) A entes públicos y sociedades mercantiles de la Entidad local.

9. b) A Organismos Autónomos de la Entidad local.

10. d) A la Seguridad Social.

TEST N.º 35

Pagos: Concepto y clasificación. Pagos por obligaciones presupuestarias. Pagos "en firme" y "a justificar". Justificación de entregas

1. Los pagos, atendiendo a la forma, pueden ser:

a) Virtuales.
b) Electrónicos.
c) En cheque.
d) En firme.

2. Los pagos en formalización:

a) Son un tipo de pago en función de su carácter.
b) Tienen como principal característica que se han de justificar en la forma adecuada.
c) Es un tipo de pago atendiendo a su naturaleza.
d) Son aquellos que se realizan sin salida material de fondo, solo mediante compensación contable.

3. La realización del pago material se hará preferentemente:

a) En efectivo.
b) Por cheque.
c) Por transferencia bancaria.
d) Por cualquiera de los medios anteriormente citados de forma indistinta.

4. Los perceptores de órdenes de pago a justificar quedarán obligados a justificar la aplicación de las cantidades percibidas en el plazo máximo de:

a) Un mes.
b) Tres meses.
c) Seis meses.
d) Quince días.

5. La petición del Centro Gestor interesado en la emisión de una propuesta de pago a justificar concretará los siguientes extremos:

a) Explicación de los gastos que se pretenden llevar a cabo y de la necesidad de que se libren "a justificar" los fondos solicitados por no poderse obtener los comprobantes con carácter previo al pago.
b) Aplicación presupuestaria con cargo a la cual se solicitan los fondos.
c) Importe por el que debe emitirse la propuesta de pago.
d) Todas las respuestas anteriores son correctas.

6. Junto a la petición anterior se acompañará el documento contable "ADO" en que se hará constar en el tipo de pago el código :

a) "02-a justificar" del SICAL así como la indicación en el texto "a justificar".
b) "03-a justificar" del SICAL así como la indicación en el texto "a justificar".
c) "05-a justificar" del SICAL así como la indicación en el texto "a justificar".
d) "10-a justificar" del SICAL así como la indicación en el texto "a justificar".

7. Recibida la propuesta en la Intervención Provincial se procederá a la fiscalización por el procedimiento de urgencia en el plazo de:

a) 5 días.
b) 10 días.
c) 1 mes.
d) 3 meses.

8. El modelo oficial de cuenta justificativa recogerá al menos los datos siguientes:

a) Fondos librados a justificar por aplicación.
b) Importe justificación y, en su caso, reintegros por aplicación presupuestaria.
c) Diligencia en la que se hace constar la correlación entre los justificantes presentados, los gastos justificados y el motivo por el que se autorizó el pago a justificar.
d) Todas las respuestas anteriores son correctas.

9. Los funcionarios responsables de la gestión del pago a justificar con carácter general, o los habilitados-pagadores cuando ellos hubieran recibido los fondos, rendirán cuentas justificadas de las aplicaciones de las cantidades libradas por cada mandamiento en el modelo oficial establecido al efecto, dentro del plazo que se haya expresado en la resolución y, en todo caso, dentro del plazo de:

a) Quince días desde que se le hicieron efectivos los fondos.
b) Un mes desde que se le hicieron efectivos los fondos.
c) Dos meses desde que se le hicieron efectivos los fondos.
d) Tres meses desde que se le hicieron efectivos los fondos.

10. El seguimiento y control de los pagos a justificar se realizará a través del sistema de información contable, que de conformidad con la Instrucción de Contabilidad pondrá de manifiesto:

a) Los fondos librados a justificar por habilitado y concepto.
b) Los pagos satisfechos a los terceros por los habilitados.
c) Los fondos disponibles por los habilitados para gastar.
d) Todas las respuestas anteriores son correctas.

En MADTEST tienes **más preguntas de este tema**, y todos tus avances quedan registrados y se reflejan en el ranking.

¡Supera tus límites con MADTEST!

Solución al test n.º 35

1. a) Virtuales.

2. d) Son aquellos que se realizan sin salida material de fondo, solo mediante compensación contable.

3. c) Por transferencia bancaria.

4. b) Tres meses.

5. d) Todas las respuestas anteriores son correctas.

6. b) "03-a justificar" del SICAL así como la indicación en el texto "a justificar".

7. a) 5 días.

8. d) Todas las respuestas anteriores son correctas.

9. b) Un mes desde que se le hicieron efectivos los fondos.

10. d) Todas las respuestas anteriores son correctas.

La contabilidad pública. Principios generales. Plan general de contabilidad pública. El crédito local: Concepto, naturaleza y modalidades

1. En cuanto a los principios contables recogidos en el artículo 122 Ley 47/2003, de 26 de noviembre Ley General Presupuestaria, entidades que integran el sector público administrativo) deberán aplicar los siguientes principios contables de carácter económico-patrimonial, señale la respuesta incorrecta:

a) Salvo prueba en contrario, se presumirá que continúa la actividad de la entidad por tiempo indefinido.

b) El reconocimiento de activos, pasivos, patrimonio neto, gastos e ingresos debe realizarse, desde el punto de vista económico-patrimonial, en función de su imputación presupuestaria, sin perjuicio de los criterios que se deban seguir para la corriente real de bienes y servicios que los mismos representan.

c) No se variarán los criterios contables de un ejercicio a otro.

d) Se deberá mantener cierto grado de precaución en los juicios de los que se derivan estimaciones bajo condiciones de incertidumbre, de tal manera que los activos, obligaciones, ingresos y gastos no se sobrevaloren ni se minusvaloren.

2. ¿A quién corresponde aprobar el Plan General de Contabilidad Pública y las normas para la formulación de cuentas anuales consolidadas en el ámbito del sector público en los que se recogerán y desarrollarán los principios contables públicos?

a) Al Ministro de Hacienda.

b) Al Ministro de Economía.

c) Al Consejo de Ministros.

d) Al Interventor General del Estado.

3. La contabilidad, como control:

a) Suministra información para la elaboración de las cuentas económicas del sector público y las nacionales de España.

b) Determina el coste y rendimiento de los servicios públicos.

c) Permite la rendición de todo tipo de cuentas, estados y documentos que hayan de elaborarse y remitirse al Tribunal de Cuentas y demás órganos de control.

d) Suministra información para la toma de decisiones tanto en el ámbito político como en el de gestión.

4. La contabilidad, con la finalidad de la gestión:

a) Muestra la gestión, desde el punto de vista presupuestario, poniendo de manifiesto por lo que respecta al presupuesto de gastos: los créditos autorizados, los gastos comprometidos, las obligaciones reconocidas, los pagos realizados; por lo que respecta al presupuesto de ingresos: las previsiones iniciales, los derechos reconocidos a cobrar y los ingresos realizados.

b) Posibilita el control de eficacia, entendida esta como la consecución en forma satisfactoria de los objetivos y efectos previstos asignados.

c) Suministra información útil para otros destinatarios: asociaciones e instituciones, empresas, ciudadanos en general, etc.

d) Suministra información para posibilitar en análisis de los efectos económicos y financieros de la actividad de los entes públicos.

5. En caso de conflicto entre principios, debe prevalecer:

a) El principio de prudencia.
b) El principio de devengo.
c) El principio que mejor refleje la imagen fiel del patrimonio.
d) El de no compensación de ingresos y gastos.

6. El Plan General de Contabilidad Pública está regulado por:

a) Real Decreto 1643/1990, de 20 de diciembre.
b) Orden del Ministerio de Economía y Hacienda, de 6 de mayo de 1994.
c) Orden EHA/1037/2010, de 13 de abril.
d) Real Decreto 1514/2007, de 16 de noviembre.

7. En el actual Plan General de Contabilidad Pública, cuando se refiere a que: "las transacciones y otros hechos económicos deberán reconocerse en función de la corriente real de bienes y servicios que los mismos representan, y no en el momento en que se produzca la corriente monetaria o financiera derivada de aquéllos", nos está definiendo el principio contable de carácter económico patrimonial de:

a) Gestión continuada.
b) Devengo.
c) Uniformidad.
d) Prudencia.

8. En el actual Plan General de Contabilidad Pública, cuando se refiere a que: "adoptado un criterio contable dentro de las alternativas permitidas, deberá mantenerse en el tiempo y aplicarse a todos los elementos patrimoniales que tengan las mismas características en tanto no se alteren los supuestos que motivaron su elección", nos está definiendo el principio contable de carácter económico patrimonial de:

a) Gestión continuada.
b) Devengo.
c) Uniformidad.
d) Prudencia.

9. Las Instrucciones del modelo simplificado de contabilidad local se regula por:

a) Real Decreto 1514/2007, de 16 de noviembre.
b) Órdenes EHA/4040/2004, de 23 de noviembre.
c) Órdenes EHA/1782/2013, de 20 de septiembre.
d) Órdenes EHA/4042/2004, de 23 de noviembre.

10. Las entidades locales, a la terminación del ejercicio presupuestario, formarán la cuenta general que pondrá de manifiesto la gestión realizada en los aspectos económico, financiero, patrimonial y presupuestario y estará integrada por:

a) La de la propia entidad.
b) La de los organismos autónomos.
c) Las de las sociedades mercantiles de capital íntegramente propiedad de las entidades locales.
d) Todas las respuestas anteriores son correctas.

En MADTEST tienes **más preguntas de este tema**, y todos tus avances quedan registrados y se reflejan en el ranking.

¡Supera tus límites con MADTEST!

Solución al test n.º 36

1. b) El reconocimiento de activos, pasivos, patrimonio neto, gastos e ingresos debe realizarse, desde el punto de vista económico-patrimonial, en función de su imputación presupuestaria, sin perjuicio de los criterios que se deban seguir para la corriente real de bienes y servicios que los mismos representan.

2. a) Al Ministro de Hacienda.

3. c) Permite la rendición de todo tipo de cuentas, estados y documentos que hayan de elaborarse y remitirse al Tribunal de Cuentas y demás órganos de control.

4. a) Muestra la gestión, desde el punto de vista presupuestario, poniendo de manifiesto por lo que respecta al presupuesto de gastos: los créditos autorizados, los gastos comprometidos, las obligaciones reconocidas, los pagos realizados; por lo que respecta al presupuesto de ingresos: las previsiones iniciales, los derechos reconocidos a cobrar y los ingresos realizados.

5. c) El principio que mejor refleje la imagen fiel del patrimonio.

6. c) Orden EHA/1037/2010, de 13 de abril.

7. b) Devengo.

8. c) Uniformidad.

9. c) Órdenes EHA/1782/2013, de 20 de septiembre.

10. d) Todas las respuestas anteriores son correctas.

TEST N.º 37

Control interno de la actividad económico-financiera de los entes locales y sus entes dependientes. La función interventora. Ámbito subjetivo y objetivo. Modalidades e inconvenientes

1. El control de gestión económica-financiera tiene como objetivos:

a) Verificar el cumplimiento de la normativa que resulte de aplicación a la gestión objeto de control.

b) Verificar el adecuado registro y contabilización de las operaciones realizadas, y su fiel y regular reflejo en las cuentas y estados que, conforme a las disposiciones aplicables, deba formar cada órgano o entidad.

c) Evaluar que la actividad y los procedimientos objeto de control se realizan de acuerdo con los principios de buena gestión financiera y, en especial, con los previstos en la Ley General de Estabilidad Presupuestaria.

d) Todas las respuestas anteriores son correctas.

2. El control financiero permanente se ejercerá sobre:

a) La Administración de la Generalitat.

b) Los organismos autónomos de la Generalitat.

c) Las entidades públicas empresariales.

d) Todas las respuestas anteriores son correctas.

3. A los efectos del Real Decreto 424/2017, de 28 de abril, por el que se regula el régimen jurídico del control interno en las entidades del Sector Público Local, no forman parte del sector público local:

a) Los organismos autónomos locales.

b) Las entidades públicas empresariales locales.

c) Las sociedades mercantiles dependientes de la Entidad Local.

d) Los fondos carentes de personalidad jurídica cuya dotación se efectúe mayoritariamente o minoritariamente desde los Presupuestos Generales de la Entidad Local.

4. No es un principio de control interno:

a) Ejercicio independiente.
b) Procedimiento contradictorio.
c) Autonomía funcional.
d) Ejercicio desconcentrado.

5. El órgano interventor dispondrá de un modelo de control eficaz y para ello se le deberán habilitar los medios necesarios y suficientes. A estos efectos el modelo asegurará, con medios propios o externos, el control efectivo de, al menos:

a) El 60 % del presupuesto general consolidado del ejercicio mediante la aplicación de las modalidades de función interventora y control financiero.
b) El 70 % del presupuesto general consolidado del ejercicio mediante la aplicación de las modalidades de función interventora y control financiero.
c) El 80 % del presupuesto general consolidado del ejercicio mediante la aplicación de las modalidades de función interventora y control financiero.
d) El 90 % del presupuesto general consolidado del ejercicio mediante la aplicación de las modalidades de función interventora y control financiero.

6. Deberá haber alcanzado el cien por cien de dicho presupuesto en el transcurso de:

a) Dos ejercicios consecutivos y en base a un análisis previo de riesgos.
b) Tres ejercicios consecutivos y en base a un análisis previo de riesgos.
c) Cuatro ejercicios consecutivos y en base a un análisis previo de riesgos.
d) Cinco ejercicios consecutivos y en base a un análisis previo de riesgos.

7. El ejercicio de la función interventora comprenderá:

a) La fiscalización previa de los actos que reconozcan derechos de contenido económico, autoricen o aprueben gastos, dispongan o comprometan gastos y acuerden movimientos de fondos y valores.
b) La intervención del reconocimiento de las obligaciones e intervención de la comprobación material de la inversión.
c) La intervención formal y materia de la ordenación del pago.
d) Todas las respuestas anteriores son correctas.

8. El órgano interventor fiscalizará el expediente en el plazo de:

a) Cinco días hábiles.
b) Cinco días naturales.
c) Diez días hábiles.
d) Cinco días hábiles.

9. Cuando se haya declarado urgente la tramitación del expediente o se aplique el régimen especial de fiscalización e intervención previa el plazo se reducirá a:

a) Cinco días naturales.
b) Cinco días hábiles.
c) Dos días naturales.
d) Dos días hábiles.

10. Si el reparo afectase a la aprobación o disposición de gastos, reconocimiento de obligaciones u ordenación de pagos se suspenderá la tramitación del expediente hasta que aquel sea solventado:

a) Cuando se base exclusivamente en la insuficiencia de crédito.
b) Cuando no hubieran sido fiscalizados los actos que dieron origen a las autorizaciones.
c) En los casos de omisión en el expediente de requisitos o trámites esenciales.
d) Cuando el reparo derive de faltas ortográficas.

En MADTEST tienes **más preguntas de este tema**, y todos tus avances quedan registrados y se reflejan en el ranking.

¡Supera tus límites con MADTEST!

Solución al test n.º 37

1. d) Todas las respuestas anteriores son correctas.

2. d) Todas las respuestas anteriores son correctas.

3. d) Los fondos carentes de personalidad jurídica cuya dotación se efectúe mayoritariamente o minoritariamente desde los Presupuestos Generales de la Entidad Local.

4. a) Ejercicio independiente.

5. c) El 80 % del presupuesto general consolidado del ejercicio mediante la aplicación de las modalidades de función interventora y control financiero.

6. b) Tres ejercicios consecutivos y en base a un análisis previo de riesgos.

7. d) Todas las respuestas anteriores son correctas.

8. a) Cinco días hábiles.

9. b) Cinco días hábiles.

10. c) En los casos de omisión en el expediente de requisitos o trámites esenciales.

TEST N.º 38

**Los bienes de las entidades locales. El dominio público.
El patrimonio privado**

1. Según la Ley del Patrimonio de las Administraciones Públicas, el patrimonio de las Administraciones Públicas está constituido por:

a) El conjunto de bienes y derechos, cualquiera que sea su naturaleza y el título de su adquisición.
b) El dinero.
c) Los valores.
d) Los créditos y los demás recursos financieros de su hacienda.

2. Por razón del régimen jurídico al que están sujetos, los bienes y derechos que integran el patrimonio de las Administraciones Públicas pueden ser:

a) De dominio público o patrimoniales y de dominio privado.
b) De dominio público y de dominio privado o demaniales.
c) De dominio público y de dominio privado.
d) Demaniales y comunales.

3. Tienen la consideración de bienes comunales:

a) Aquellos cuyo aprovechamiento corresponda al común de los vecinos.
b) Aquellos cuyo aprovechamiento corresponda al común de los ciudadanos.
c) Aquellos cuyo aprovechamiento corresponda al común de los residentes.
d) Los destinados a un uso o servicio público.

4. Los bienes comunales solo podrán pertenecer:

a) Al municipio.
b) Al municipio y a las Entidades Locales Menores.
c) Al municipio y a la provincia.
d) Al patrimonio del Estado.

5. Según el artículo 132 de la Constitución Española, los bienes de dominio público:

a) Se inspiran en los principios de inalienabilidad, imprescriptibilidad e inembargabilidad.

b) Se encuentran inspirados en los principios de preferencia, dominio y generalidad.

c) Se ajustan a los principios de desafectación e inalienabilidad.

d) Se inspiran en los principios de no sujeción a tributo alguno e inembargabilidad.

6. De conformidad con el artículo 6 de la Ley del Patrimonio de las Administraciones Públicas no es un principio al que se ajusta la gestión y administración de los bienes y derechos demaniales:

a) Dedicación preferente al uso común frente a su uso privativo.

b) Simplicidad y máxima celeridad.

c) Identificación y control a través de inventarios o registros adecuados.

d) Cooperación y colaboración entre las Administraciones Públicas en el ejercicio de sus competencias sobre el dominio público.

7. Son bienes de uso público local:

a) Las aguas de fuentes y estanques.

b) Los puentes y demás obras públicas de aprovechamiento.

c) Las Casas Consistoriales.

d) Las respuestas a) y b) son correctas.

8. Son bienes de servicio público:

a) Los Palacios Provinciales.

b) Los destinados al cumplimiento de fines públicos de responsabilidad de las Entidades Locales.

c) Las plazas, calles, paseos.

d) Las respuestas a) y b) son correctas.

9. Las Administraciones Públicas no podrán adquirir bienes y derechos:

a) Por herencia, legado o donación.

b) Por prescripción.

c) Por usurpación.

d) Por atribución de la ley.

10. Cuando un Ayuntamiento adquiera un bien a título oneroso se exigirá:

a) Informe previo pericial y acuerdo de la Corporación si se trata de valores mobiliarios.

b) Informe previo del órgano estatal o autonómico competente si se trata de bienes de carácter histórico y artístico, y excedan del 1 por 100 de los recursos ordinarios del Presupuesto de la Corporación.

c) Autorización de la Comunidad Autónoma respectiva si se trata de bienes inmuebles.

d) Ninguna respuesta es correcta.

En MADTEST tienes **más preguntas de este tema**, y todos tus avances quedan registrados y se reflejan en el ranking.

¡Supera tus límites con MADTEST!

Solución al test n.º 38

1. a) El conjunto de bienes y derechos, cualquiera que sea su naturaleza y el título de su adquisición.

2. c) De dominio público y de dominio privado.

3. a) Aquellos cuyo aprovechamiento corresponda al común de los vecinos.

4. b) Al municipio y a las Entidades Locales Menores.

5. a) Se inspiran en los principios de inalienabilidad, imprescriptibilidad e inembargabilidad.

6. b) Simplicidad y máxima celeridad.

7. d) Las respuestas a) y b) son correctas.

8. d) Las respuestas a) y b) son correctas.

9. c) Por usurpación.

10. b) Informe previo del órgano estatal o autonómico competente si se trata de bienes de carácter histórico y artístico, y excedan del 1 por 100 de los recursos ordinarios del Presupuesto de la Corporación.

La actividad de subvenciones de las Administraciones Públicas: Regulación y principios

1. Según la Disposición final primera de la Ley 38/2003, de 17 de noviembre, esta ley se dicta al amparo de lo dispuesto en el artículo 149.1.13.ª, 14.ª y 18.ª de la Constitución, constituyendo legislación básica del Estado los siguientes preceptos:

a) En el título II, el capítulo I y el capítulo IV, excepto los artículos 32 y 33.
b) En el título I, los artículos 36, 37 y el apartado 1 del artículo 40.
c) En el título IV, los artículos 45 y 46.
d) En el título IV, el capítulo I y los artículos 59, 65, 67, 68 y 69 del capítulo II.

2. No tienen carácter de subvenciones los siguientes supuestos:

a) Las prestaciones reconocidas por el Fondo de Garantía Salarial.
b) Los beneficios fiscales y beneficios en la cotización a la Seguridad Social.
c) El crédito oficial, salvo en los supuestos en que la Administración pública subvenciones al prestatario la totalidad o parte de los intereses u otras contraprestaciones de la operación de crédito.
d) Todas son correctas.

3. Señala cuál de los siguientes gastos es subvencionable:

a) Los intereses deudores de las cuentas bancarias.
b) Los tributos abonados por el beneficiario de la subvención.
c) Los gastos de procedimientos judiciales.
d) Las sanciones administrativas y penales.

4. Señala la respuesta correcta:

a) Se consideran subvenciones y ayudas públicas regladas aquellas que se destinan a una pluralidad de beneficiarios y que se otorguen por la Administración con arreglo a los principios de publicidad, libre concurrencia y objetividad.
b) Las subvenciones otorgadas en supuestos especiales o subvenciones específicas por razón de su objeto son las concedidas cuando sea posible promover la concurrencia de interesados en el procedimiento.

c) Son subvenciones nominativas las que se abonen mediante transferencia de financiación y tengan como destino la financiación de las actividades u operaciones no singularizadas de las entidades beneficiarias.

d) Son subvenciones de explotación o de capital aquellas cuyos beneficiarios figuren nominativamente en los créditos iniciales de la Ley de Presupuesto de la Comunidad Autónoma o en otra norma de rango legal.

5. La norma reguladora de las bases de concesión de las subvenciones concretará, como mínimo, los siguientes extremos:

a) Órganos competentes para la ordenación, instrucción y resolución del procedimiento de concesión de la subvención y el plazo en que será notificada la resolución.

b) Determinación, en su caso, de los libros y registros contables específicos para garantizar la adecuada justificación de la subvención.

c) Plazo y forma de justificación por parte del beneficiario o de la entidad colaboradora, en su caso, del cumplimiento de la finalidad para la que se concedió la subvención y de la aplicación de los fondos percibidos.

d) Todas son correctas.

6. Salvo en contrario en las bases reguladoras de las subvenciones, se considerará gasto realizado:

a) El que ha sido efectivamente pagado con posterioridad a la finalización del período de justificación determinado por la normativa reguladora de la subvención.

b) El que ha sido efectivamente pagado con anterioridad a la finalización del período de justificación determinado por la normativa reguladora de la subvención.

c) El que ha sido efectivamente pagado con antelación al inicio del período de justificación determinado por la normativa reguladora de la subvención.

d) El que ha no haya sido efectivamente pagado con antelación al inicio del período de justificación determinado por la normativa reguladora de la subvención.

7. Cuando el importe del gasto subvencionable supere las cuantías establecidas en la Ley de Contratos del Sector público para el contrato menor, el beneficiario deberá:

a) Solicitar como mínimo dos ofertas de diferentes proveedores, con carácter previo a la contracción del compromiso para la obra, la prestación del servicio o la entrega del bien.

b) Solicitar como mínimo tres ofertas del mismo proveedor con carácter previo a la contracción del compromiso para la obra, la prestación del servicio o la entrega del bien.

c) Solicitar como mínimo dos ofertas del mismo proveedor con carácter previo a la contracción del compromiso para la obra, la prestación del servicio o la entrega del bien.

d) Solicitar como mínimo tres ofertas de diferentes proveedores, con carácter previo a la contracción del compromiso para la obra, la prestación del servicio o la entrega del bien.

8. Serán gastos subvencionables:

a) Los intereses deudores de las cuentas bancarias.
b) Intereses, recargos y sanciones administrativas y penales.
c) Los gastos de procedimientos judiciales.
d) Ninguna es correcta.

9. De acuerdo con las Bases de Ejecución del Presupuesto General para el Ejercicio Económico de 2025, a efectos del seguimiento de la ejecución de las previsiones presupuestarias relativas a las subvenciones a conceder por la Diputación de Valencia, los centros gestores de estas tendrán que rellenar y remitir al servicio de Presidencia información relativa al calendario previsto para la tramitación de las diferentes fases del expediente, con el contenido que se determine a través del modelo normalizado que la Presidencia establezca en cada momento antes del:

a) 1 de febrero de cada ejercicio.
b) 1 de marzo de cada ejercicio.
c) 1 de abril de cada ejercicio.
d) 1 de mayo de cada ejercicio.

10. Los centros gestores tendrán que comunicar a la Base de datos Nacional de Subvenciones la información relacionada con los pagos y entregas en especie en el plazo de:

a) 15 días hábiles desde la contabilización del pago.
b) 15 días naturales desde la contabilización del pago.
c) 1 mes natural desde la contabilización del pago.
d) 2 meses naturales desde la contabilización del pago.

En MADTEST tienes **más preguntas de este tema**, y todos tus avances quedan registrados y se reflejan en el ranking.

¡Supera tus límites con MADTEST!

Solución al test n.º 39

1. d) En el título IV, el capítulo I y los artículos 59, 65, 67, 68 y 69 del capítulo II.

2. d) Todas son correctas.

3. b) Los tributos abonados por el beneficiario de la subvención.

4. a) Se consideran subvenciones y ayudas públicas regladas aquellas que se destinan a una pluralidad de beneficiarios y que se otorguen por la Administración con arreglo a los principios de publicidad, libre concurrencia y objetividad.

5. d) Todas son correctas.

6. b) El que ha sido efectivamente pagado con anterioridad a la finalización del período de justificación determinado por la normativa reguladora de la subvención.

7. d) Solicitar como mínimo tres ofertas de diferentes proveedores, con carácter previo a la contracción del compromiso para la obra, la prestación del servicio o la entrega del bien.

8. d) Ninguna es correcta.

9. b) 1 de marzo de cada ejercicio.

10. c) 1 mes natural desde la contabilización del pago.

Procedimientos de concesión y gestión de las subvenciones. Reintegro y control financiero. Infracciones y sanciones

1. Podrán concederse de forma directa las siguientes subvenciones:

a) Las previstas nominativamente en los Presupuestos Generales del Estado, de las Comunidades Autónomas o de las Entidades Locales, pudiendo otorgarse subvenciones por cuantía superior a la determinada en la convocatoria.

b) Aquellas cuyo otorgamiento o cuantía venga impuesto a la Administración por una norma de rango legal, que seguirán el procedimiento de concesión que les resulte de aplicación de acuerdo con su propia normativa, pudiendo otorgarse subvenciones por cuantía superior a la determinada en la convocatoria.

c) Con carácter excepcional, aquellas otras subvenciones en que se acrediten razones de interés público, social, económico o humanitario, u otras debidamente justificadas que dificulten su convocatoria pública.

d) En todo caso, aquellas otras subvenciones en que se acrediten razones de interés privado u otras debidamente justificadas que faciliten su convocatoria pública.

2. El procedimiento para la concesión de subvenciones:

a) Se inicia siempre de oficio y la convocatoria podrá publicarse en la Base de Datos Nacional de Subvenciones (BDNS) o en el "Boletín Oficial del Estado.

b) La convocatoria contendrá indicación de los créditos presupuestarios a los que se imputa la subvención y cuantía total mínima de las subvenciones convocadas dentro de los créditos disponibles o, en su defecto, cuantía estimada de las subvenciones.

c) La convocatoria contendrá además indicación del objeto, condiciones y finalidad de la concesión de la subvención.

d) Las solicitudes de los interesados acompañarán los documentos e informaciones determinados en la norma o convocatoria, siempre y cuando no hayan transcurrido más de tres años desde la finalización del procedimiento al que correspondan.

3. Señala la respuesta correcta:

a) La instrucción del procedimiento de concesión de subvenciones corresponde al órgano que se designe en la convocatoria.

b) Las actividades de instrucción comprenderán entre otras la petición de cuantos informes estime necesarios para resolver, siendo el plazo para su emisión de 15 días, salvo que el órgano instructor solicite su emisión en un plazo mayor, sin que en este último caso pueda exceder de tres meses.

c) El órgano instructor, a la vista del expediente y del informe del órgano colegiado, formulará la propuesta de resolución provisional, debidamente motivada, que deberá notificarse a los interesados en la forma que establezca la convocatoria, y se concederá un plazo de 20 días para presentar alegaciones.

d) La propuesta de resolución definitiva se notificará a los interesados que hayan sido propuestos como beneficiarios en la fase de instrucción, para que en el plazo de un mes comuniquen su aceptación, creando un derecho a favor del beneficiario propuesto, frente a la Administración, mientras no se le haya notificado la resolución de concesión.

4. En cuanto a la resolución para la concesión de subvenciones:

a) Una vez aprobada la propuesta de resolución definitiva, el órgano competente resolverá el procedimiento de forma motivada de conformidad con lo que dispongan las bases reguladoras de la subvención debiendo, en todo caso, quedar acreditados en el procedimiento los fundamentos de la resolución que se adopte.

b) La resolución, además de contener el solicitante o relación de solicitantes a los que se concede la subvención, hará constar, en su caso, de manera expresa, la desestimación del resto de las solicitudes.

c) El plazo máximo para resolver y notificar la resolución del procedimiento no podrá exceder de tres meses, salvo que una norma con rango de ley establezca un plazo mayor o así venga previsto en la normativa de la Unión Europea.

d) Las respuestas a) y b) son correctas.

5. La notificación de la resolución del procedimiento:

a) Se hará a los interesados de acuerdo con lo previsto en el artículo 50 de la Ley 38/2015, de 3 de octubre, del Procedimiento Administrativo Común de las Administraciones Públicas.

b) Se hará a los interesados de acuerdo con lo previsto en el artículo 40 de la Ley 39/2015, de 3 de octubre, del Procedimiento Administrativo Común de las Administraciones Públicas.

c) Se ajustará a las disposiciones contenidas en los artículos 41 y siguientes de la Ley 39/2015, de 1 de octubre, del Procedimiento Administrativo Común de las Administraciones Públicas.

d) Se ajustará a las disposiciones contenidas en los artículos 45 y siguientes de la Ley 39/2015, de 3 de octubre, del Procedimiento Administrativo Común de las Administraciones Públicas.

6. Las normas especiales reguladoras de las subvenciones indicadas en el párrafo c) del apartado 2 del artículo 22 de la Ley 38/2003 se desarrollan en el artículo 67 del RD 887/2006, de 21 de julio, y contendrá como mínimo los siguientes extremos:

a) Definición del objeto de las subvenciones, con indicación del carácter singular de las mismas y las razones que acreditan el interés público, social, económico o humanitario y aquellas que justifican la dificultad de su convocatoria pública.

b) Régimen jurídico aplicable, beneficiarios y modalidades de ayuda.

c) Procedimiento de concesión y régimen de justificación de la aplicación dada a las subvenciones por los beneficiarios y, en su caso, entidades colaboradoras.

d) Todas son correctas.

7. Señala la correcta:

a) Se producirá la pérdida del derecho al cobro total o parcial de la subvención en el supuesto de falta de justificación o de concurrencia de alguna de las causas de reintegro previstas en el artículo 37 de la Ley 38/2003.

b) No podrán efectuarse pagos por anticipado ni pagos a cuenta.

c) Podrán realizarse pagos anticipados a beneficiarios cuando se haya solicitado la declaración de concurso voluntario, haber sido declarados insolventes en cualquier procedimiento o hallarse declarado en concurso.

d) Podrá realizarse el pago de la subvención aunque el beneficiario no se halle al corriente en el cumplimiento de sus obligaciones tributarias y frente a la Seguridad Social o sea deudor por resolución de procedencia de reintegro.

8. Marca una de las causas de nulidad de la resolución de la concesión:

a) Las indicadas en el artículo 54 de la Ley 39/2015, de 3 de octubre, del Procedimiento Administrativo Común de las Administraciones Públicas.

b) La carencia o insuficiencia de crédito, de conformidad con lo establecido en el artículo 60 de la Ley General Presupuestaria y las demás normas de igual carácter de las Administraciones Públicas sujetas a la Ley 38/2003.

c) Infracciones del ordenamiento jurídico, y, en especial, de las reglas contenidas en la Ley 38/2003, de conformidad con lo dispuesto en el artículo 68 de la Ley 39/2015, de 3 de octubre, del Procedimiento Administrativo Común de las Administraciones Públicas.

d) Ninguna es correcta.

9. En materia de reintegro, señala la incorrecta:

a) Los beneficiarios y entidades colaboradoras están obligados al reintegro de la totalidad o parte de las cantidades percibidas más los correspondientes intereses de demora, con independencia de las sanciones que, en su caso, resulten exigibles.

b) Los miembros de personas jurídicas o agrupaciones de personas físicas o jurídicas, públicas o privadas, responderán solidariamente de la obligación de reintegro del beneficiario en relación a las actividades subvencionadas que se hubieran comprometido a efectuar.

c) Responderán subsidiariamente de la obligación de reintegro, los representantes legales del beneficiario, cuando este carezca de capacidad jurídica.

d) Responderán solidariamente los miembros, partícipes o cotitulares de las agrupaciones de personas físicas o jurídicas, públicas o privadas en proporción a sus respectivas participaciones, cuando se trate de comunidades de bienes o cualquier otro tipo de unidad económica o patrimonio separado.

10. En materia de Prescripción, señala la correcta:

a) Prescribirá a los cinco años el derecho de la Administración a reconocer o liquidar el reintegro, computándose desde el momento en que venció el plazo para presentar la justificación por parte del beneficiario o entidad colaboradora.

b) Prescribirá a los cinco años el derecho de la Administración a reconocer o liquidar el reintegro, computándose, en el supuesto de que se hubieran establecido condiciones durante un período determinado de tiempo, desde el momento en que venció dicho plazo.

c) El cómputo del plazo de prescripción se interrumpirá por cualquier acción de la Administración, realizada con conocimiento formal del beneficiario o de la entidad colaboradora, conducente a determinar la existencia de alguna de las causas de reintegro.

d) El cómputo del plazo de prescripción se interrumpirá por la interposición de recursos contencioso-administrativo, por la remisión del tanto de culpa a la jurisdicción contenciosa-administrativa o por la presentación de denuncia ante el Juzgado.

En MADTEST tienes **más preguntas de este tema**, y todos tus avances quedan registrados y se reflejan en el ranking.

¡Supera tus límites con MADTEST!

Solución al test n.º 40

1. c) Con carácter excepcional, aquellas otras subvenciones en que se acrediten razones de interés público, social, económico o humanitario, u otras debidamente justificadas que dificulten su convocatoria pública.

2. c) La convocatoria contendrá además indicación del objeto, condiciones y finalidad de la concesión de la subvención.

3. a) La instrucción del procedimiento de concesión de subvenciones corresponde al órgano que se designe en la convocatoria.

4. d) Las respuestas a) y b) son correctas.

5. c) Se ajustará a las disposiciones contenidas en los artículos 41 y siguientes de la Ley 39/2015, de 1 de octubre, del Procedimiento Administrativo Común de las Administraciones Públicas.

6. d) Todas son correctas.

7. a) Se producirá la pérdida del derecho al cobro total o parcial de la subvención en el supuesto de falta de justificación o de concurrencia de alguna de las causas de reintegro previstas en el artículo 37 de la Ley 38/2003.

8. b) La carencia o insuficiencia de crédito, de conformidad con lo establecido en el artículo 60 de la Ley General Presupuestaria y las demás normas de igual carácter de las Administraciones Públicas sujetas a la Ley 38/2003.

9. c) Responderán subsidiariamente de la obligación de reintegro, los representantes legales del beneficiario, cuando este carezca de capacidad jurídica.

10. c) El cómputo del plazo de prescripción se interrumpirá por cualquier acción de la Administración, realizada con conocimiento formal del beneficiario o de la entidad colaboradora, conducente a determinar la existencia de alguna de las causas de reintegro.

Cómo acceder al Curso

Administrativo/a
Test del temario

El uso de los códigos **es exclusivo de los compradores de los productos de Editorial MAD**. Cada producto posee un código único y de un solo uso. Es personal e intransferible y da acceso a servicios y contenidos adicionales. Editorial MAD se reserva el derecho de hacer cuantas comprobaciones sean necesarias para identificar al legítimo poseedor del código y dejar de dar servicio a quien haga uso fraudulento del mismo, además de emprender cuantas acciones legales estime oportunas según la legislación vigente.

Deberás acceder a:

mad.es/registro-campus

Si una vez aceptadas las condiciones de uso del Campus decides hacer uso del mismo, necesitarás del siguiente código de acceso junto con los códigos del resto de títulos que se exigen (si fuera el caso):

12HRVMQTLK